EDUCAÇÃO E SOCIOLOGIA

COLEÇÃO TEXTOS FUNDANTES DE EDUCAÇÃO
Coordenador: Antônio Joaquim Severino

– *A reprodução* – *Elementos para uma teoria do sistema de ensino*
Pierre Bourdieu e Jean-Claude Passeron
– *O homem com um mundo estilhaçado*
A.R. Luria
– *Do ato ao pensamento* – *Ensaio de psicologia comparada*
Henri Wallon
– *De magistro*
Santo Agostinho
– *Psicogênese e história das ciências*
Jean Piaget e Rolando Garcia
– *Educação e Sociologia*
Émile Durkheim
– *Educação para uma sociedade em transformação*
W.H. Kilpatrick

Dados Internacionais de Catalogação na Publicação (CIP)
(Câmara Brasileira do Livro, SP, Brasil)

Durkheim, Émile, 1858-1917.
Educação e Sociologia / Émile Durkheim ;
tradução de Stephania Matousek. – 5. ed. – Petrópolis, RJ :
Vozes, 2014 – (Coleção Textos Fundantes de Educação).

6ª reimpressão, 2021.

Título original : Éducation et sociologie
ISBN 978-85-326-2463-5

1. Sociologia educacional I. Título.

10-11968   CDD-306.43

Índices para catálogo sistemático:
1. Sociologia ambiental 306.43

ÉMILE DURKHEIM

EDUCAÇÃO E SOCIOLOGIA

Tradução de Stephania Matousek

EDITORA
VOZES

Petrópolis

Título do original em francês: *Éducation et sociologie*

© desta tradução:
2011, Editora Vozes Ltda.
Rua Frei Luís, 100
25689-900 Petrópolis, RJ
www.vozes.com.br
Brasil

Todos os direitos reservados. Nenhuma parte desta obra poderá ser reproduzida ou transmitida por qualquer forma e/ou quaisquer meios (eletrônico ou mecânico, incluindo fotocópia e gravação) ou arquivada em qualquer sistema ou banco de dados sem permissão escrita da editora.

CONSELHO EDITORIAL

Diretor
Gilberto Gonçalves Garcia

Editores
Aline dos Santos Carneiro
Edrian Josué Pasini
Marilac Loraine Oleniki
Welder Lancieri Marchini

Conselheiros
Francisco Morás
Ludovico Garmus
Teobaldo Heidemann
Volney J. Berkenbrock

Secretário executivo
João Batista Kreuch

Editoração: Frei André Luiz da Rocha Henriques
Diagramação: AG.SR Desenv. Gráfico
Capa: Maria Fernanda de Novaes

ISBN 978-85-326-2463-5 (Brasil)
ISBN 2-13-055329-X (França)

Editado conforme o novo acordo ortográfico.

Este livro foi composto e impresso pela Editora Vozes Ltda.

Sumário

Apresentação da coleção, 7
Antônio Joaquim Severino

Introdução: A obra pedagógica de Durkheim, 9
Prof. Paul Fauconnet

1 A educação, sua natureza e seu papel, 43
   1.1 As definições da educação: exame crítico, 43
   1.2 Definição da educação, 49
   1.3 Consequência da definição anterior: caráter social da educação, 54
   1.4 O papel do Estado em matéria de Educação, 61
   1.5 Poder da educação: meios de ação, 65

2 Natureza e método da Pedagogia, 75

3 Pedagogia e Sociologia, 97

Apresentação da coleção

A história da cultura ocidental revela-nos que educação e filosofia sempre estiveram juntas e próximas, numa relação de vínculo intrínseco. A filosofia sempre se constituiu vinculada a uma intenção pedagógica, formativa do humano. E a educação, embora se expressando como uma práxis social, nunca deixou de referir-se a fundamentos filosóficos, mesmo quando fazia deles uma utilização puramente ideológica. Por isso mesmo, a grande maioria dos pensadores que construíram a cultura ocidental sempre registrou essa produção teórica em textos direta ou indiretamente relacionados à temática educacional, discutindo seja aspectos epistemológicos, axiológicos ou antropológicos da educação.

Este testemunho da história já é suficiente para demonstrar o quanto é necessário, ainda hoje, manter vivo e atuante esse vínculo entre a visão filosófica e a intenção pedagógica. Vale dizer que é extremamente relevante e imprescindível a formação filosófica do educador. No entanto, a experiência cotidiana revela ainda que, em nossa cultura, no que concerne à formação e à atuação desses profissionais, ocorre separação muito acentuada entre a filosofia, enquanto fundamento teórico do saber e do agir, e a educação, enquanto saber ou prática concretos. É evidente que essa prática traz implícitos seus fundamentos filosóficos, sem que deles tenha clara consciência o educador.

Não há dúvida de que, além das deficiências pedagógicas e curriculares do próprio processo de formação desses profissionais, também a falta de mediações e recursos culturais dificulta muito a apropriação, por parte deles, desses elementos que dão conta da íntima e relevante vinculação da educação com a filosofia. Daí a razão de ser desta coleção destinada a reeditar textos do pensamento filosófico-educacional que, por variadas razões, acabam se esgotando e tornando-se inacessíveis às novas gerações de estudantes e profissionais da área. O objetivo desta coleção será, pois, o de colocar ao alcance dos estudiosos os textos fundamentais da reflexão filosófico-educacional desenvolvida por pensadores significativos que contribuíram especificamente para a compreensão filosófica do processo educacional, ao longo de nossa história cultural. Busca-se assim tornar permanente um precioso acervo de estudos de diversos campos científicos, de alcance abrangente para a discussão da problemática educacional, dada a íntima vinculação entre a educação e as ciências humanas em geral.

Antônio J. Severino
Coordenador da coleção

Introdução
A obra pedagógica
de Durkheim

Ao longo de sua vida, Durkheim ensinou a Pedagogia e a Sociologia ao mesmo tempo. Na Faculdade de Letras de Bordeaux, de 1887 a 1902, ele ministrou uma hora de aula de Pedagogia por semana. Os ouvintes eram, em sua maioria, membros do Ensino Primário. Na Sorbonne, foi na cadeira de *Ciência da Educação* que, em 1902, ele supriu a vaga de Ferdinand Buisson, a qual ele passou a ocupar definitivamente a partir de 1906. Até a sua morte, ele reservou à Pedagogia pelo menos um terço, e muitas vezes dois terços, dessas aulas: sessões públicas, conferências para os membros do Ensino Primário, curso para os alunos da Escola Normal Superior. Esta obra pedagógica permanece quase toda inédita. Sem dúvida, nenhum dos seus ouvintes conseguiu abranger toda a sua extensão. Gostaríamos de apresentá-la aqui brevemente.

I

Durkheim não dividiu o seu tempo e nem o seu pensamento entre duas atividades distintas, ligadas uma à outra de modo acidental. É pelo seu aspecto de fato social que ele aborda a educação: sua doutrina da educação é um elemento essencial de sua Sociologia. "Sociólogo, [diz ele,] é sobretudo enquanto sociólogo que falarei a vocês sobre educação. Aliás, não acredito me expor a ver e mostrar as coisas por uma perspectiva deformadora ao proceder assim, pois tenho certeza de que, ao contrário, não existe método mais apto a ressaltar a verdadeira natureza das coisas" (p. 98). A educação é algo eminentemente social.

A observação pode prová-lo. Antes de tudo, em toda sociedade, há tantas educações específicas quanto meios sociais diferentes. E, mesmo em sociedades igualitárias como as nossas, que tendem a eliminar as diferenças injustas, a educação varia, e deve necessariamente variar, de acordo com as profissões. Sem dúvida, todas estas educações específicas repousam sobre uma base comum. Porém, esta educação comum varia de uma sociedade para outra. Cada sociedade alimenta um certo ideal humano. É este ideal "que é o polo da educação" (p. 53). Para cada sociedade, a educação é "o meio pelo qual ela prepara no coração das crianças as condições essenciais de sua própria existência". Assim, "cada tipo de povo possui uma educação que lhe é própria e que pode defini-lo ao mesmo título que a sua organização moral, política e religiosa" (p. 104). A observação dos fatos conduz, portanto, à seguinte definição: "A educação é a ação exercida pelas gerações adultas sobre aquelas que ainda não estão maturas para a vida social. Ela tem como objetivo suscitar e desenvolver na criança um certo número de estados físicos, intelectuais e morais exigidos tanto pelo conjunto da sociedade política quanto pelo meio específico ao qual ela está destinada em particular" (p. 53). Em suma, a educação é uma socialização da geração jovem (cf. p. 53, 109).

Mas por que há de ser assim necessariamente? Porque "em cada um de nós, pode-se dizer, existem dois seres que, embora se mostrem inseparáveis – a não ser por abstração –, não deixam de ser distintos. Um é composto de todos os estados mentais que dizem respeito apenas a nós mesmos e aos acontecimentos da nossa vida pessoal: é o que se poderia chamar de ser individual. O outro é um sistema de ideias, sentimentos e hábitos que exprimem em nós não a nossa personalidade, mas sim o grupo ou os grupos diferentes dos quais fazemos parte, tais como as crenças religiosas, as crenças e práticas morais, as tradições nacionais ou profissionais e as opiniões coletivas de todo tipo. Este conjunto forma o ser social. Constituir este ser em cada um de nós é o objetivo da educação" (p. 53-54; 109). Sem a civilização, o homem seria apenas um animal. Foi através da cooperação e da tradição sociais que o homem se tornou homem. Moralidades, linguagens, religiões e ciências são obras coletivas, coisas sociais. Ora, é através da moralidade que o homem estabelece a força de vontade dentro de si, dominando o desejo; é a linguagem que o eleva acima da sensação pura; é primeiro nas religiões e depois nas ciências que se elaboram as noções cardeais das quais é feita a inteligência propriamente humana. "Este ser social [...] não se encontra já pronto na constituição primitiva do homem [...] Foi a própria sociedade que, à medida que ia se formando e se consolidando, tirou do seu seio estas grandes forças morais [...] Ao entrar na vida, a criança traz apenas a sua natureza de indivíduo. Portanto, a cada nova geração, a sociedade se encontra em presença de uma tábula quase rasa sobre a qual ela deve construir novamente. É preciso que, pelos meios mais rápidos, ela substitua o ser egoísta e associal que acaba de nascer por um outro capaz de levar uma vida moral e social. Esta é a obra da educação [...]" (p. 54, 110). A hereditariedade transmite os mecanismos instintivos que garantem a vida orgânica, e, nos animais que vivem em sociedade, uma vida social é bastante simples. Mas ela não basta para transmitir as habilidades que a vida social do homem supõe, habilidades complexas demais para poderem "materializar-se sob a forma de predisposições orgânicas" (p. 56, 111). Por serem sociais, as características específicas que distinguem o homem são transmitidas por uma via social: a educação.

Para a mente acostumada a enxergar as coisas por esta perspectiva, esta concepção sociológica da natureza e do papel da educação se impõe como uma constatação óbvia. Durkheim a considera como um "axioma fundamental" (p. 99). Mais exatamente, digamos que é uma verdade comprovada pela experiência. Quando nos posicionamos como historiadores, vemos claramente que a educação em Esparta era a civilização lacedemônia criando espartanos para a pólis lacedemônia; que a educação ateniense, nos tempos de Péricles, era a civilização ateniense criando homens conformes ao tipo ideal de homem, tal como Atenas o concebia naquela época, para a pólis ateniense e, ao mesmo tempo, para a humanidade, tal como Atenas a representava a partir de suas relações com ela. Basta antecipar o futuro para compreender como os historiadores interpretarão a educação francesa no século XX: mesmo nas suas tentativas mais audaciosamente idealistas e humanitárias, ela é produto da civilização francesa; ela consiste em transmiti-la; enfim, ela busca criar homens conformes ao tipo ideal de homem ao qual esta civilização aspira, criar homens para a França, e também para a humanidade, tal como a França a representa a partir de suas relações com ela.

No entanto, esta verdade evidente foi, em geral, ignorada, sobretudo durante os últimos séculos. Filósofos e pedagogos se concertam para considerar a Educação como uma coisa eminentemente individual. Para Kant, escreve Durkheim, "tanto para Kant quanto para Mill, tanto para Herbart quanto para Spencer, o objetivo da educação seria antes de tudo realizar em cada indivíduo os atributos constitutivos da espécie humana em geral, elevando-os, porém, ao seu mais alto grau de perfeição" (p. 99s.). Contudo, este concerto de opiniões não equivale a uma presunção de verdade. Isto porque sabemos que a Filosofia clássica quase sempre esqueceu de considerar o homem real de uma época e de um país, o único concretamente observável, para especular sobre a natureza humana universal, produto arbitrário de uma abstração feita, sem método, a partir de um número bem restrito de amostras humanas. Atualmente, admite-se em geral que o seu caráter abstrato distorceu, em larga medida, a especulação política do século XVIII, por exemplo: individualista em excesso, desatada demais da história, ela frequentemente legifera para um homem de convenção, independente de qualquer meio social definido. O progresso que, no século XIX, as ciências políticas realizaram, sob a influência da história e das filosofias inspiradas na história, progresso em cuja direção se orientam, no final do século, todas as ciências morais, deve, por sua vez, ser realizado pela Filosofia da Educação.

A educação é coisa social: isto quer dizer que ela coloca a criança em contato com uma determinada sociedade, e não com a sociedade *in genere*. Se esta afirmação for verdadeira, ela não somente deve comandar a reflexão especulativa sobre a educação, como também exercer influência sobre a própria atividade educativa. Em realidade, esta influência é incontestável; em direito, ela é com frequência contestada. Vamos examinar algumas das resistências que a afirmação de Durkheim provoca quando expressa.

Primeiro se repercute a oposição que se pode chamar de universitária ou humanista. Ela acusa a Sociologia de incentivar um nacionalismo estreito, e mesmo de favorecer os interesses do Estado, e, mais ainda, dos de um regime político, em detrimento dos da humanidade. Durante a guerra, com frequência opuseram a Educação germânica e a latina: a primeira, puramente nacional e visando somente o benefício do Estado; e, esta última, liberal e humana. Sem dúvida, disseram, a educação educa a criança para a pátria, mas *também* para a humanidade. Em suma, de diversas formas, estabelece-se um antagonismo entre os seguintes termos: educação social, educação humana, sociedade e humanidade. Ora, o pensamento de Durkheim plana bem acima de objeções deste gênero. Enquanto educador, ele nunca teve a intenção de fazer os fins nacionais prevalecerem sobre os fins humanos. Dizer que a educação é coisa social não significa formular um programa de Educação, mas sim constatar um fato. Durkheim sustenta este fato como verdadeiro, em qualquer lugar, seja qual for a tendência predominante, aqui ou lá. O cosmopolitismo não é menos social do que o nacionalismo. Existem civilizações que incitam o educador a elevar a pátria acima de tudo, outras que o incitam a subordinar os fins nacionais aos humanos, ou melhor, a harmonizá-los. O ideal universalista está ligado a uma civilização sintética que tende a combinar todas as outras. Aliás, no mundo contemporâneo, cada nação apresenta o seu cosmopolitismo, o seu humanismo próprio, no qual se pode reconhecer o seu temperamento. De fato, qual é, para nós, franceses do século XX, o valor relativo dos deveres perante a humanidade e o dos perante a pátria? Como eles podem entrar em conflito? Como se pode conciliá-los? Nobres e difíceis questões, as quais o sociólogo não resolve em proveito do nacionalismo, definindo, como ele o faz, a educação. Quando ele abordar estes problemas, suas mãos estarão livres. Reconhecer o caráter social que realmente pertence à educação não diz nada sobre a maneira como serão analisadas as forças morais que orientam o educador em direções diversas ou opostas.

A mesma resposta vale contra as objeções individualistas. Durkheim define a educação como uma socialização da criança. Mas, então, pode-se pensar, o que é feito do valor da pessoa humana, da iniciativa, da responsabilidade, do aperfeiçoamento próprios do indivíduo? Arraigou-se tão profundamente o hábito de opor a sociedade e o indivíduo que toda doutrina que use frequentemente a palavra sociedade parece sacrificar o indivíduo. Aqui, mais uma vez, há um equívoco. Se já existiu um homem que foi um indivíduo, uma pessoa, com tudo o que o termo implica de originalidade criadora e resistência aos arrebatamentos coletivos, este homem foi Durkheim. E a sua doutrina moral corresponde tanto ao seu próprio caráter que não seria paradoxal dar a esta doutrina o nome de individualismo. Seu primeiro livro, *A divisão do trabalho social*, propõe toda uma filosofia da história na qual a gênese, a diferenciação e a libertação do indivíduo surgem como o traço mais marcante do progresso da civilização; a exaltação da pessoa humana, como o seu resultado atual. E esta filosofia da história culmina na seguinte regra moral: destaque-se, seja uma pessoa. Como, então, tal doutrina poderia enxergar na educação um processo qualquer de despersonalização? Se criar uma pessoa constitui atualmente o objetivo da educação, e se educar consiste em socializar, vamos, portanto, concluir que, segundo Durkheim, é possível individualizar socializando. Este é, no fundo, o seu pensamento. Pode-se discutir sobre a maneira como ele concebe a educação da individualidade. Porém, sua definição de educação provém de um pensador que, em nenhum momento, ignora ou subestima o papel ou o valor do indivíduo. E é preciso dizer aos sociólogos que é na análise da educação de Durkheim que eles perceberão melhor a essência do seu pensamento sobre as relações da sociedade e do indivíduo e o papel dos indivíduos de elite no progresso social.

Por fim, em nome do ideal, pode-se também emergir uma resistência ao realismo de Durkheim. Ele já foi acusado de humilhar a razão e desalentar o esforço, como se ele fizesse a apologia sistemática de como é a realidade presente e permanecesse indiferente a como ela *deve ser*. Para entender como, pelo contrário, este realismo sociológico lhe parece apto a dirigir a ação, vejamos que ideia ele nutria a respeito da Pedagogia.

II

Todo o ensino de Durkheim satisfaz uma necessidade profunda do seu intelecto, uma exigência essencial imposta pelo próprio espírito científico. Durkheim sente uma verdadeira repulsa com relação às construções arbitrárias e aos programas de ação que traduzem somente as tendências de seus autores. Ele precisa refletir sobre um *dado*, uma realidade observável, o que ele chama de coisa. Considerar os fatos sociais como coisas constitui a primeira regra do seu método. Quando tomava a palavra sobre assuntos relativos à moral, ele primeiro apresentava fatos, coisas; e os seus próprios gestos indicavam que, embora se tratasse de coisas espirituais, não materiais, ele não se limitava a analisar conceitos, mas apreendia, mostrava e manipulava realidades. A educação é uma coisa, ou, em outras palavras, um fato. Em realidade, em todas as sociedades, ele observa uma educação. Conformemente a tradições, hábitos, regras explícitas ou implícitas, em um determinado contexto de instituições, com uma aparelhagem própria, sob a influência de ideias e sentimentos coletivos, na França, no século XX, educadores educam, e crianças são educadas. Tudo isto pode ser descrito, analisado e explicado. A noção de Ciência da Educação é, portanto, uma ideia completamente clara. Ela desempenha o importante papel de conhecer e compreender a realidade. Não se confunde nem com a atividade efetiva do educador, nem mesmo com a Pedagogia, que visa a dirigir esta atividade. A Educação é o seu objeto: por esta afirmação, devemos entender não que ela tenda aos mesmos fins que a Educação, mas, pelo contrário, que ela a supõe, visto que a observa.

Durkheim não contesta de forma alguma que esta ciência seja, em larga medida, de ordem psicológica. Somente a Psicologia, baseada na Biologia, ampliada pela Patologia, permite compreender por que a criança humana precisa de educação, em que ela se distingue do adulto, como se formam e evoluem os seus sentidos, memória, faculdades de associação e de atenção, imaginação, pensamento abstrato, linguagem, sentimentos, caráter, força de vontade. A psicologia da criança, ligada à do homem adulto e completada pela psicologia própria do educador, constitui uma das vias pelas quais a ciência pode abordar o estudo da educação. Esta ideia é aceita universalmente.

Contudo, a Psicologia é apenas uma das duas vias de acesso possíveis. Quem a seguir exclusivamente se exporá a abordar somente uma das duas faces do fato educação. Isto porque, obviamente, a Psicologia é incompetente quando se deve dizer não mais o que é a criança que recebe educação, sua maneira específica de assimilá-la e reagir a ela, mas sim a própria natureza da civilização que a educação transmite e a aparelhagem à qual ela recorre para transmiti-la. A França do século XX dispensa quatro Ensinos: o Primário, o Secundário, o Superior e o Técnico, cujas relações não são as mesmas que na Alemanha, Inglaterra ou Estados Unidos. Seu Ensino Secundário se apoia no francês, línguas clássicas, línguas vivas, história e ciências; por volta de 1600, ele se apoiava exclusivamente no latim e no grego; na Idade Média, na dialética. O nosso ensino abre espaço para o método intuitivo e experimental, o dos Estados Unidos mais ainda, enquanto que a Educação medieval e humanista era exclusivamente livresca. Ora, é claro que as instituições escolares, as disciplinas e os métodos são fatos sociais. O próprio livro é um fato social; o culto do livro e o declínio deste culto dependem de causas sociais. É difícil ver como a Psicologia poderia concebê-las. A educação física, moral e intelectual que uma sociedade oferece em um momento de sua história é manifestamente da competência da Sociologia. Para estudar a educação de forma científica, como um fato dado à observação, a Sociologia deve colaborar com a Psicologia. Sob um dos seus dois aspectos, a Ciência da Educação é uma ciência sociológica. Era a partir desta perspectiva que Durkheim a abordava.

Levado pela lógica interna de seu próprio pensamento, ele estava abrindo um novo caminho, sendo o precursor, e não o imitador, de doutrinas atualmente bastante em voga, as quais a dele ultrapassa em clareza e fecundidade. A Alemanha criou o termo *Sozialpädagogik*, os Estados Unidos, o termo *Educational Sociology*, que marcam indubitavelmente a mesma tendência[1].

---

1. NATORP, Paul. *Sozialpädagogik* – Theorie der Willenserziehung auf der Grundlage der Gemeinschaft. 3. ed. Stuttgart: Frommann, 1909 [1. ed., 1899]. Cf. as definições da *Educational Sociology* em MONROE, Paul. *A cyclopedia of Education*. Tomo V. Nova York: Macmillan, 1911, p. 361.

Porém, sob estas palavras com frequência ainda se misturam coisas bem distintas. Há, por exemplo, de um lado, uma orientação mais ou menos incerta no sentido do estudo sociológico da educação, tal como Durkheim a concebe, e, do outro lado, um sistema de Educação que se preocupa mais especificamente em preparar o homem para a vida social, formar o cidadão: *Staatsbürgerliche Erziehung*, como Kerschensteiner[2] o chama. A ideia americana de *Educational Sociology* se aplica de maneira confusa ao estudo sociológico da educação e, ao mesmo tempo, à introdução da Sociologia nas salas de aula, como matéria de ensino. A Ciência da Educação, definida por Durkheim, é sociológica, em uma acepção bem mais clara do termo.

Quanto ao que ele entende por *Pedagogia*, não é nem a atividade educativa propriamente dita, nem a ciência especulativa da educação. Trata-se da reação sistemática desta última sobre a primeira, efeito de uma reflexão que busca, nos resultados da Psicologia e da Sociologia, princípios para a conduta ou reforma da educação. Assim concebida, a Pedagogia pode ser idealista, sem cair na utopia.

Que um grande número de pedagogos ilustres tenha cedido ao espírito de sistema, atribuído à educação um objetivo inacessível ou arbitrariamente escolhido, proposto processos artificiais, Durkheim não somente não o nega, como também nos previne melhor do que qualquer um sobre o perigo desta concepção. A Sociologia combate aqui o inimigo que ela está acostumada a encontrar: em todos os domínios, na moral, na política e mesmo na economia política, o estudo científico das instituições foi

---

2. KERSCHENSTEINER, Georg. *Der Begriff der staatsbürgerlichen Erziehung*. 4. ed. Leipzig: BG. Teubner, 1919.

precedido por uma filosofia essencialmente *artificialista*, que pretendia formular receitas para garantir aos indivíduos e aos povos o máximo de felicidade, sem antes conhecer o bastante suas condições de existência. Nada pode ser mais contrário aos hábitos do sociólogo do que dizer de entrada: "vejam como se deve educar as crianças", fazendo tábula rasa da educação que lhes é realmente oferecida. Estruturas escolares, programas de ensino, métodos, tradições, hábitos, tendências, ideias e ideais dos professores são fatos, cujas origens e evoluções a Pedagogia busca descobrir, longe de pretender mudar estes fatos. A Educação francesa é extremamente tradicional, pouco disposta a se encaixar nas formas técnicas de métodos combinados; ela dá imenso crédito às faculdades de intuição, tato, iniciativa dos professores; respeita a evolução livre da criança; e até resulta, em grande parte, não da ação sistemática dos professores, mas sim da ação difusa e involuntária do meio. Tudo isto é um fato, que apresenta causas e responde, grosso modo, às condições de existência da sociedade francesa. Portanto, a Pedagogia, inspirada na Sociologia, não corre o risco de fazer a apologia de um *sistema* duvidoso ou de recomendar uma *mecanização* da criança, que comprometeria o seu desenvolvimento espontâneo. Assim se anulam as objeções de pensadores eminentes, que se obstinam a opor Educação e Pedagogia, como se refletir sobre a ação exercida significasse necessariamente se condenar a deformar esta ação.

Entretanto, não se deve concluir que a reflexão científica seja praticamente estéril e que o realismo provenha de um espírito conservador, que aceita preguiçosamente tudo o que a realidade apresenta. Saber para prever e prover, já dizia Augusto Comte, da ciência positiva. De fato, quanto mais bem conhecemos a natureza das coisas, mais chances temos de utilizá-la com eficácia.

O educador é obrigado, por exemplo, a governar a atenção da criança. Ninguém pode negar que ele a governará melhor se conhecer a natureza dela mais exatamente. A Psicologia acarreta, portanto, aplicações práticas, cujas regras para a Educação são formuladas pela Pedagogia. Da mesma forma, a ciência sociológica da educação pode acarretar aplicações práticas. Em que consiste a laicização da moralidade? Quais são suas causas? De onde vêm as resistências que ela provoca? Que dificuldades a educação moral deve vencer quando se dissocia da religiosa? Problema manifestamente social e atual para as sociedades contemporâneas: como contestar que um estudo desinteressado sobre o mesmo possa conduzir a formular regras pedagógicas, nas quais o professor francês do século XX ganharia em se inspirar para a sua prática educativa? As crises e conflitos sociais têm causas, o que não quer dizer que seja proibido buscar saídas e remédios. As instituições não são nem absolutamente flexíveis e nem absolutamente refratárias a toda modificação deliberada. Adaptá-las com prudência aos seus papéis respectivos, adaptá-las umas às outras e cada uma delas à civilização na qual se incorporam constitui um belo campo de ação para uma *política* racional e, quando se trata de instituições educativas, para uma *pedagogia* racional, ou seja, uma pedagogia que não seja nem conservadora e nem revolucionária, eficaz dentro dos limites em que a ação deliberada do homem pode ser eficaz.

Assim, o realismo e o idealismo podem se conciliar. Os ideais são realidades. Por exemplo, a França contemporânea tem um ideal intelectual; ela concebe um tipo ideal de inteligência e o propõe às crianças. Porém, este ideal é complexo e confuso. Os publicistas, que pretendem exprimi-lo, em geral mostram, cada um por sua vez, apenas uma das faces, um dos elementos:

elementos de origens, idades e, por assim dizer, orientações diversas, elementos solidários, uns para com certas tendências sociais, outros para com tendências diferentes ou opostas. É possível tratar este ideal complexo como uma coisa, ou seja, analisar os seus componentes, determinar sua gênese, suas causas e as necessidades às quais eles correspondem. Porém, este estudo, inicialmente desinteressado, é a melhor preparação para a *escolha* que uma consciência sensata pode desejar fazer entre os diversos programas de ensino concebíveis e as regras a seguir para aplicar o programa escolhido. Podemos dizer o mesmo, *mutatis mutandis*, sobre a educação moral e as questões de detalhe, assim como sobre problemas de ordem mais geral. Enfim, a opinião, o legislador, a administração, os pais e os professores devem, o tempo todo, fazer escolhas, seja para reformar profundamente as instituições ou fazê-las funcionarem no cotidiano. Ora, eles trabalham numa matéria resistente que não se deixa manipular arbitrariamente: meio social, instituições, hábitos, tradições e tendências coletivas. Enquanto depender da Sociologia, a Pedagogia será uma preparação racional para estas escolhas.

Durkheim dava a maior importância, não somente enquanto intelectual, mas também como cidadão, a esta concepção racionalista da ação. Embora fosse hostil à agitação reformista, que perturba sem melhorar nada, sobretudo nas reformas negativas, que destroem sem propor algo novo, ele carregava a ação nas veias. No entanto, para que a ação fosse fértil, ele sustentava que ela deveria envolver aquilo que é possível, limitado, definido, determinado nas condições sociais em que ela se exercer. Dirigido a educadores, o seu ensino pedagógico sempre apresentou um caráter imediatamente prático. Absorvido em seus outros trabalhos, ele não teve tempo de se investir em pesquisas puramente especulativas sobre a educação. Em suas aulas, os assuntos são abordados de acordo com o método científico definido há pouco. Porém, a escolha dos mesmos é ditada pelas dificuldades práticas que o educador público encontra na França contemporânea, e é a conclusões pedagógicas que o professor chega.

III

Durkheim deixou, completamente redigido, o manuscrito de um curso dividido em dezoito aulas sobre *O ensino da moral na Escola Primária*. Vamos percorrer esta obra rapidamente. A primeira aula é uma introdução sobre a moral laica. Durkheim define a tarefa moral que incumbe ao professor na França contemporânea: para ele, trata-se de dar uma educação moral laica e racionalista. Esta laicização da moralidade é determinada por todo o desenvolvimento histórico. Mas ela é difícil. Na história da civilização, a religião e a moralidade sempre estiveram tão intimamente ligadas que sua necessária dissociação não poderia ser uma operação simples. Se nos contentarmos em tirar todo conteúdo religioso da moralidade, acabaremos mutilando-a. Isto porque a religião exprime, do seu modo, através de uma linguagem simbólica, coisas verdadeiras. Não se deve perder estas verdades junto com os símbolos que são rejeitados; é preciso reencontrá-las, projetando-as no plano do pensamento laico. Os sistemas racionalistas, sobretudo os não metafísicos, em geral apresentam uma imagem da moralidade simplificada demais. Ao se tornar sociológica, a análise moral pode fornecer uma base racional, nem religiosa e nem metafísica, para uma moralidade tão complexa quanto a moralidade religiosa tradicional, e inclusive mais rica sob certos aspectos, além de chegar até as fontes das forças morais mais energéticas.

As aulas seguintes se dividem em duas partes bem distintas, plano que ilustra o que dissemos sobre a contribuição que, de um lado, a Sociologia e, de outro, a Psicologia trazem à Pedagogia. A primeira parte estuda a moralidade propriamente dita, ou seja, a civilização moral que a educação transmite à criança: trata-se de uma análise sociológica. A segunda estuda a natureza da criança que assimilará esta moralidade: aqui a Psicologia ocupa o primeiro plano.

As oito aulas que Durkheim dedicou à análise da moralidade constituem o que ele legou de mais completo sobre este assunto, visto que sua morte o interrompeu no momento em que estava redigindo, para publicação ulterior, os prolegômenos de sua *Moral*. Elas podem ser comparadas com as páginas publicadas no *Bulletin de la Société Française de Philosophie* sobre "A determinação do fato moral", nas quais ele não discorre sobre deveres diversos, mais sim sobre aspectos gerais da moralidade. Em sua obra, isto é equivalente ao que os filósofos chamam de Moral Teórica. Entretanto, o método que ele aplica é inovador.

É fácil entender como a Sociologia pode estudar o que de fato são a família, o Estado, a propriedade, o contrato. Mas, quando se trata do *bem* e do *dever*, parece que nos encontramos face a puros conceitos, e não instituições, e que se impõe, então, um método de análise abstrata, já que a observação é inaplicável. Vejamos a perspectiva pela qual Durkheim aborda o assunto. Sem dúvida, a educação moral desempenha o papel de iniciar a criança aos diversos deveres e de suscitar, uma a uma, virtudes específicas. Mas ela também desenvolve a aptidão geral à moralidade e as disposições fundamentais encontradas na raiz da vida moral, além de constituir no espírito da criança o agente moral, disposto a tomar iniciativas, das quais depende o progresso. Quais são, de fato, na sociedade francesa contemporânea, os elementos do temperamento moral, cuja realização é o objetivo ao qual deve aspirar a educação moral geral? Podemos descrever estes elementos e compreender a sua natureza e papel. Em suma, é esta descrição que forma o conteúdo das morais ditas teóricas. Cada filósofo define, à sua maneira, estes elementos fundamentais, mas mais construindo do que descrevendo. Podemos refazer o mesmo trabalho, tomando como objeto não mais o nosso ideal pessoal, mas sim o ideal que pertence de fato à nossa civilização. Desta forma, o estudo da educação moral nos permite apreender, em meio aos fatos, as realidades às quais correspondem os conceitos bastante abstratos que os filósofos manipulam. Ele habilita a ciência dos modos e costumes a observar o que é a moralidade, em seus aspectos mais gerais, pois, na educação, percebemos a moralidade no momento em que ela se transmite e, por consequência, distingue-se com mais clareza das consciências individuais, em cuja complexidade ela está habitualmente envolvida.

Durkheim dá ênfase a três elementos fundamentais da nossa moralidade: o espírito de disciplina, o de abnegação e o de autonomia. A título de exemplo, cabe mencionar o plano seguido por Durkheim para analisar o primeiro elemento. O espírito de disciplina é ao mesmo tempo a ciência da e a simpatia pela regularidade e limitação dos desejos. Ele implica o respeito da regra, que obriga o indivíduo a inibir impulsos e se esforçar. Por que a vida social exige regularidade, limitação e esforço? Além disso, como o indivíduo consegue, afinal, aceitar estas penosas exigências, condições para a sua própria felicidade? Responder a estas perguntas equivale a dizer qual é a função da disciplina. Como a sociedade pode estar apta a impor a disciplina e, principalmente, despertar no indivíduo o sentimento do respeito devido à autoridade de um imperativo categórico, que surge como transcendente? Responder a esta pergunta equivale a refletir sobre a natureza da disciplina e seu fundamento racional. Enfim, por que a regra pode e deve ser concebida como independente de qualquer simbolismo religioso e mesmo metafísico? O que esta laicização da disciplina modifica no próprio conteúdo da ideia de disciplina, naquilo que ela exige e permite? Aqui, associamos a natureza e função da disciplina, não mais às condições da civilização em geral, mas àquelas específicas da existência da civilização em que vivemos. E buscamos saber se o espírito de disciplina que pertence a nós, franceses, é realmente tudo aquilo que ele deve ser, se não está patologicamente enfraquecido, e como a educação, respeitando os seus carateres próprios, pode melhorar a nossa moralidade nacional.

Uma análise simétrica pode ser aplicada a todo espírito de abnegação. O que é e para que serve este último, tanto do ponto de vista da sociedade como do do indivíduo? A que fins nós, franceses do século XX, devemos nos dedicar? Qual é a hierarquia destes fins, de onde vêm, como podem conciliar seus antagonismos parciais? Mesmas questões com o espírito de autonomia. A análise deste último elemento é particularmente fértil, pois se trata aqui de um dos aspectos mais recentes da moralidade, o mais característico da moralidade laica e racionalista de nossas sociedades democráticas.

Bastam estas observações sumárias para notar uma das principais superioridades do método seguido por Durkheim. Ele consegue mostrar toda a complexidade, toda a riqueza da vida moral, riqueza feita de oposições que não podem ser amalgamadas apenas parcialmente em uma síntese harmoniosa, riqueza tão abundante que nenhum indivíduo, por maior que seja a sua grandeza, pode algum dia aspirar a carregar dentro de si todos estes elementos, no mais alto grau de desenvolvimento que atingirem, e realizar assim, integralmente, somente para si, toda a moralidade. Pessoalmente, assim como Kant, Durkheim foi antes de tudo um homem de vontade e disciplina. É o aspecto kantiano da moralidade que ele vê primeiro e com mais clareza. E já quiseram afirmar que, segundo ele, a coerção era a única ação que a sociedade exerce sobre o indivíduo. Sua verdadeira doutrina é infinitamente mais compreensível, e talvez não haja nenhuma filosofia moral que se assemelhe a ela neste ponto. Ele demonstrou muito bem, por exemplo, que as forças morais, que compelem e mesmo agridem a natureza animal do homem, também exercem neste último uma atração, uma sedução. É a estes dois aspectos do fato moral que ambas as noções de dever e de bem respondem. Para estes dois polos se orientam duas atividades morais distintas, das quais nem uma nem outra é indiferente ao agente moral bem constituído, mas que, dependendo de qual delas prevalecer, distinguem os agentes morais em dois tipos diferentes: o homem do sentimento e do entusiasmo, no qual domina a aptidão à generosidade, e o homem da vontade, mais frio e austero, no qual domina o espírito de regra. Os próprios eudemonismo e hedonismo ocupam um lugar na vida moral: é preciso, dizia um dia Durkheim, que haja epicurianos. Assim, disparates e mesmo contrários se misturam na riqueza da civilização moral, riqueza que a análise abstrata dos filósofos está geralmente fadada a empobrecer, porque tende, por exemplo, a deduzir a ideia do bem da do dever, conciliar os conceitos de obrigação e autonomia e reduzir assim uma realidade bastante complexa ao conjunto lógico de algumas ideias simples.

As nove aulas que formam a segunda parte do curso abordam o problema propriamente pedagógico. Foram enumerados e definidos os elementos da moralidade que devemos constituir na criança. Como a natureza desta última se presta a recebê-la? Que recursos, engrenagens e também obstáculos são encontrados pelo educador? Os títulos das aulas já apontam a direção do pensamento: *a disciplina e a psicologia da criança*, primeiro; *a disciplina escolar, a penalidade e as recompensas escolares*; em seguida, *o altruísmo na criança* e *a influência do meio escolar na formação do espírito social*; e, por fim, a influência geral do ensino das ciências, letras, história, da própria moral e também da cultura estética na *formação do espírito de autonomia*.

A autonomia é a atitude de uma consciência que aceita as regras porque reconhece que elas sejam racionalmente fundamentadas. Ela supõe a aplicação livre, porém metódica, da inteligência no exame das regras já prontas que a criança recebe primeiro da sociedade na qual ela está crescendo. Longe de aceitá-las passivamente, a criança deve pouco a pouco aprender a animá-las, conciliá-las, eliminar ou reformar seus elementos obsoletos para adaptá-los às condições de existência cambiantes da sociedade da qual ela acaba se tornando um membro ativo. Durkheim diz que é a ciência que confere autonomia. Somente ela ensina a reconhecer o que é fundamentado na natureza das coisas – natureza física, mas também moral. Somente ela ensina a reconhecer o que é inelutável, modificável, normal, quais são afinal os limites da ação eficaz para melhorar a natureza, tanto física quanto moral. Deste ponto de vista, todo ensino tem um destino moral, desde o ensino das ciências cosmológicas até (e sobretudo) o ensino do próprio homem, pela História e Sociologia. E é assim que hoje a *educação* moral completa demanda um *ensino* da moral: duas coisas que Durkheim distingue claramente, embora a segunda sirva para completar a primeira. Parece-lhe indispensável, mesmo na Escola Primária, que o professor ensine à criança o que são as sociedades onde ela está destinada a viver: família, corporação, nação, comunhão de civilização que tende a incorporar a humanidade inteira; como elas se formaram e se transformaram; que ação elas exercem sobre o indivíduo e que papel este último desempenha nelas. Do curso que ele ministrou várias vezes sobre este *Ensino da moral na Escola Primária*, possuímos apenas rascunhos de redação ou planos de aulas. Neles, Durkheim mostra aos professores como é possível traduzir, adaptando-os às inteligências infantis, os resultados do que ele chamava de "Fisiologia do direito e dos costumes", ou seja, a vulgarização da ciência dos costumes, à qual, aliás, ele dedicou a maior parte de seus livros e aulas.

IV

A *Educação intelectual na Escola Primária* é o tema de uma aula completamente redigida em paralelo à que diz respeito à educação moral e construída mais ou menos a partir do mesmo plano. Durkheim não a considerava satisfatória: ele sentia a dificuldade de afinar o seu trabalho. É que o ideal intelectual da nossa democracia está menos definido que o seu ideal moral – seu estudo científico foi menos bem preparado, e o assunto é mais novo.

Aqui, mais uma vez, há duas partes com orientações diferentes: uma está virada para o objetivo visado, e, a outra, para os meios empregados; a primeira exige que a Sociologia defina o tipo intelectual que a nossa sociedade se esforça para realizar; e a outra interroga a Lógica e a Psicologia para saber que benefício cada disciplina fornece, que recursos, engrenagens e resistências o intelecto da criança apresenta ao educador que trabalha para realizar este tipo. Dentre as aulas puramente psicológicas, vamos ressaltar somente as que refletem sobre a atenção: elas demonstram o que Durkheim era capaz de fazer quando se dedicava à Psicologia.

Para designar à Educação intelectual primária um objetivo determinado, Durkheim estuda as origens e a maneira como, de fato, o Ensino Primário tomou consciência de sua natureza e papel próprios. Ele se desenvolveu depois do Ensino Secundário e se definiu, em certa medida, em oposição a ele. É na obra de dois de seus principais iniciadores, Comenius e Pestalozzi, que Durkheim busca desvendar o seu ideal em gestação. Ambos se perguntaram como um ensino podia ser ao mesmo tempo enciclopédico e básico – dar uma ideia do todo, formar uma mente justa e equilibrada, ou seja, uma mente capaz de apreender a realidade inteira, sem esquecer nenhum elemento essencial –, mas também se dirigir a todas as crianças sem exceção, das quais a maioria deverá se contentar com noções sumárias, fáceis de assimilar com rapidez. Ao interpretar criticamente as tentativas de Comenius e Pestalozzi, Durkheim elabora a sua definição do ideal a ser realizado. Assim como a moralidade, a intelectualidade requerida aos franceses contemporâneos exige deles um certo número de aptidões mentais essenciais. Durkheim as chama de *categorias*, noções-chave, centros de inteligibilidade, que são as estruturas e instrumentos do pensamento lógico. Entenda-se por categoria não somente as formas mais abstratas do pensamento, a noção de causa ou substância, mas também as ideias, mais ricas em conteúdo, que presidem a nossa interpretação do real, a nossa interpretação atual: *nossa* ideia do mundo físico, *nossa* ideia da vida, *nossa* ideia do homem, por exemplo. Estas categorias não são inatas ao intelecto humano. Elas possuem uma história e foram construídas pouco a pouco ao longo da evolução da civilização. Na nossa civilização, isto se deu através do desenvolvimento das ciências físicas e morais. Um bom intelecto é um intelecto cujas ideias mestras, que regulam o exercício do pensamento, estejam em harmonia com as ciências fundamentais, tais como elas estão atualmente constituídas: munido desta maneira, este intelecto pode trabalhar em meio à verdade, tal como nós a concebemos. Portanto, é preciso ensinar à criança os elementos das ciências fundamentais, ou melhor, das disciplinas fundamentais, uma vez que a Gramática e a História, por exemplo, também cooperam extremamente à formação do entendimento.

Junto com tantos grandes pedagogos, Durkheim recomenda, portanto, o que chamamos, através de um termo bárbaro, de cultura *formal*: formar o espírito, e não preenchê-lo. Não é por sua utilidade que os conhecimentos valem em primeiro lugar; não há nada menos utilitário do que esta concepção da instrução. Porém, seu formalismo é original e se opõe claramente ao de um pensador como Montaigne e ao dos humanistas. De fato, a transmissão de um saber positivo do mestre ao aluno e a assimilação pela criança de uma *matéria* lhe parece ser a condição para uma verdadeira formação intelectual. É fácil ver a razão disto: a análise sociológica do entendimento provoca consequências pedagógicas. A memória, a atenção e a faculdade de associação são disposições congênitas na criança, que se desenvolvem quando exercitadas e somente no contexto da experiência individual, seja qual for o objeto ao qual estas faculdades se aplicarem. As ideias diretrizes elaboradas pela nossa civilização são, pelo contrário, ideias coletivas que devem ser transmitidas à criança, pois ela não saberia elaborá-las sozinha. Ninguém reinventa a ciência com a sua experiência própria, já que ela é social, e não individual, e já que ela se aprende. Sem dúvida, ela não é transvasada de uma mente para outra: é o próprio vaso, ou seja, a inteligência, que se deve modelar pela e a partir da ciência. Assim, embora as ideias diretrizes sejam formas, não é possível transmiti-las vazias. Augusto Comte já dizia que não se pode estudar a lógica sem a ciência, o método das ciências sem sua doutrina, iniciar-se ao seu sistema sem assimilar alguns de seus resultados. Durkheim também pensa que é preciso aprender coisas, adquirir sabedoria, abstração feita até do valor específico dos conhecimentos, pois estes últimos estão necessariamente envolvidos nas formas constitutivas do entendimento.

Para observar tudo o que Durkheim tira destes princípios, seria preciso entrar nos detalhes da segunda parte do curso, no qual ele estuda sucessivamente a didática de alguns ensinos fundamentais: a Matemática e as categorias de número e forma; a Física e a noção de realidade; a Geografia e a noção de meio planetário; a História e as noções de tempo e desenvolvimento históricos... Esta enumeração ainda está incompleta. Em seus outros escritos, Durkheim abordou a educação lógica através das línguas, dando apenas exemplos. Aliás, seria necessária a colaboração de especialistas para seguir, em detalhe, todas as consequências didáticas dos princípios estabelecidos.

Vejamos, por exemplo, a noção de tempo histórico. A história é o desenvolvimento temporal de sociedades humanas. Mas este tempo ultrapassa infinitamente os tempos que o indivíduo conhece, os tempos que ele vivencia diretamente. A história não pode fazer sentido para uma mente que não possua uma certa representação deste tempo histórico; um bom intelecto é, notavelmente, um intelecto que a possua. Ora, sozinha, a criança não é capaz de construir esta representação, cujos elementos não lhe são fornecidos nem pela sensação e nem pela memória individual. Portanto, é preciso ajudá-la a construí-la. Na verdade, esta é uma das funções que o ensino da História desempenha. Mas ele a desempenha, pode-se dizer, involuntariamente. É digno de nota que o mestre raramente sinta a inanidade das datas e a necessidade de trabalhar sistematicamente para lhes dar um significado. Ensina-se à criança: batalha de Tolbiac, ano 496. Como a criança poderia ver um sentido preciso nesta data, tendo em vista que a representação de um passado, mesmo próximo, já lhe é tão difícil? É necessário todo um trabalho, cujas etapas poderiam ser as seguintes: dar a ideia de um século, acrescentando, uma à outra, o período de três ou quatro gerações; começando, por exemplo, pelo da era cristã e explicando por que o nascimento de Cristo foi escolhido como origem. Entre o ponto de partida e a época atual, demarcar o tempo com pontos de referência concretos, como a biografia de personagens ou eventos simbólicos. Constituir assim um primeiro esquema, cuja trama será pouco a pouco consolidada. Em seguida, mostrar que o ponto inicial de nossa era é convencional, que existem outras eras, outras histórias diferentes da nossa, que estas eras pertencem a um período ao qual a cronologia humana não se aplica mais, que os primeiros tempos permanecem obscuros para nós, etc. Quão poucos, dentre nós, lembram terem recebido de seus professores de História aulas inspiradas em tais princípios! É claro que com o passar do tempo adquirimos as noções mencionadas; não se pode dizer que, salvo exceção, elas tenham sido metodicamente constituídas. Um dos resultados essenciais do ensino da História é, portanto, mais ou menos obtido, de fato, sem ser claramente percebido nem intencionado. Ora, a brevidade da Educação Primária exige que se busque alcançar os objetivos sem rodeios, se esta Educação quiser ser plenamente eficaz.

Pode-se dizer que, até os dias atuais, o ensino da Gramática e da Literatura é o único que tenha tido plena consciência de seu papel lógico: ele ensina *para formar*; os conhecimentos que ele transmite são voluntariamente utilizados para a constituição do entendimento. Em certa medida, o ensino da Matemática se atribui o mesmo papel: no entanto, aqui a função educativa e criativa dos conhecimentos com frequência já é perdida de vista, e os conhecimentos passam a ser apreciados por si mesmos. Vê-se que a didática de Durkheim se assemelha à de Herbart, mas com inovações. Bem situada na história das doutrinas pedagógicas, ela parece resolver o conflito do *formalismo* e de seu contrário, a oposição do saber e da cultura. Ela fornece o princípio que sozinho permite superar as dificuldades em meio às quais se debatem os nossos Ensinos Primário e Secundário, presos entre as aspirações enciclopédicas e o legítimo sentimento dos perigos que elas engendram. Cada uma das disciplinas fundamentais implica uma filosofia latente, ou seja, um sistema de noções cardeais, que resumem os aspectos mais gerais das coisas, tais como nós as concebemos, e que comandam a interpretação delas. É esta filosofia, fruto do trabalhado acumulado por gerações, que se deve transmitir à criança, pois ela constitui o próprio esqueleto da inteligência. *Filosófico* e *básico* não são termos que se excluem, muito pelo contrário: o ensino mais básico deve ser o mais filosófico. Mas é óbvio que o que chamamos aqui de filosofia não deve ser exposto em uma forma abstrata. Ela deve emanar do ensino mais familiar, sem nunca ser formulada. Porém, para emanar assim, é preciso primeiro que ela o inspire.

V

A Educação intelectual básica se divide em dois tipos: o Ensino Primário para a massa, e o Secundário para a elite. É a Educação da elite que suscita, na França contemporânea, os problemas mais embaraçosos. Há mais de um século, o nosso Ensino Secundário vem atravessando uma crise, cuja solução ainda se mostra incerta. Pode-se falar, sem exagero, sobre a questão social do Ensino Secundário. Qual é exatamente a sua natureza e o seu papel? Que causas determinaram a crise, em que esta última consiste de fato, como se pode prever a sua solução? É a estas questões que Durkheim dedicou uma de suas mais belas aulas, sobre *A evolução e o papel do Ensino Secundário na França*: ele a ministrou várias vezes e deixou duas redações completas dela. Ele as havia começado a pedido do Reitor Liard, que quis organizar, pela primeira vez, um ensino pedagógico para futuros professores do Ensino Secundário. Destinado aos candidatos de todas as modalidades da agregação[3], tanto científicas quanto literárias, ele tinha como objetivo, na concepção de Durkheim, despertar em todos e ao mesmo tempo o sentimento de tarefa comum: sentimento indispensável, se quiséssemos que disciplinas diversas contribuíssem para um ensino que, assim como a mente que ele forma, deve apresentar uma unidade. É provável que os futuros professores do Ensino Secundário sintam um dia, por si mesmos, a necessidade de refletir metodicamente, sob a direção de um mestre, sobre a natureza e a função específicas da

---

3. Trata-se de um dos concursos para professor da França [N.T.].

instituição que eles devem manter viva. E, neste dia, a lição de Durkheim surgirá como o guia mais seguro para esta reflexão. Seu autor considerava que as pesquisas que havia efetuado e a documentação que havia consultado eram insatisfatórias em vários pontos. Antes de julgar a obra, não se pode esquecer que ele dedicou somente um ou dois anos de trabalho a este vasto assunto. Desta forma, esta aula é um modelo incomparável do que a aplicação do método sociológico às coisas da Educação pode engendrar. É o único exemplo completo que Durkheim deixou da análise histórica de um sistema de instituições escolares.

Para saber o que é o Ensino Secundário atual da França, Durkheim observa como ele se formou. As estruturas datam da Idade Média, período no qual foram instauradas as universidades. É no seio da universidade, através do confinamento progressivo nos colégios do ensino dado na Faculdade de Artes, que o Ensino Secundário nasceu, diferenciando-se do Ensino Superior. Assim, suas afinidades podem ser explicadas: um prepara para o outro. O ensino dialético é, na Idade Média, a propedêutica geral, pois a dialética é, então, o método universal; ensino formal, cultura geral transmitida através de uma disciplina bastante específica, ele já possui os aspectos que, ao longo de toda a sua história, o Ensino Secundário manterá. Porém, embora as estruturas estejam constituídas desde a Idade Média, a disciplina educativa muda no século XVI: a Lógica é substituída pelas humanidades greco-latinas. Originário do Renascimento, na França o humanismo foi posto em prática principalmente pelos jesuítas. Eles impregnaram-no com sua marca própria; e, embora seus rivais, como o Oratório, Port-Royal e a universidade, tenham temperado o sistema deles, foi o modo como os jesuítas interpretaram o humanismo que foi por excelência o educador da mente clássica francesa. Em nenhuma sociedade europeia a influência do humanismo foi exclusiva: através de algumas de suas características dominantes, o nosso espírito nacional se exprime no e ao mesmo tempo resulta do humanismo, com suas qualidades e defeitos. No entanto, sobretudo a partir do século XVIII, outras tendências se manifestam: a pedagogia dita realista ataca o humanismo. Ela primeiro produz doutrinas, sem exercer ação imediata nas instituições escolares. Depois, ela cria, junto com as Escolas Centrais da Convenção, um sistema escolar completamente novo, cuja duração é efêmera. E o século XIX faz o antigo e o novo sistema se enfrentarem, sem conseguir eliminar nenhum dos dois e nem conciliá-los definitivamente. E é este conflito que ainda buscamos superar. Ao permitir-nos compreendê-lo, a história nos dá armas para resolvê-lo.

VI

Em geral, o ensino pedagógico abre um amplo espaço à história crítica das doutrinas da educação. Durkheim reconhece a importância deste estudo, ao qual se aplicou durante um bom tempo. Nas duas aulas sobre a Educação intelectual, Primária e Secundária, ele introduz a história das doutrinas: a de Comenius, entre outras, chamou sua atenção. Ele deixou planos e notas de aulas que formam uma história das principais doutrinas pedagógicas na França desde o Renascimento. *La Revue de Métaphysique et de Morale* publicou o plano detalhado de suas aulas sobre Jean-Jacques Rousseau. Por fim, ele redigiu integralmente um curso, de um ano inteiro, sobre Pestalozzi e Herbart. Vejamos aqui somente que método ele seguiu.

Primeiro, ele distingue claramente a história das teorias da educação e a da própria educação. Com frequência se faz confusão entre as duas. Trata-se, entretanto, de duas coisas tão distintas quanto a história da Filosofia Política e a das instituições políticas. Seria preferível que nossos educadores conhecessem melhor a história de nossas instituições escolares e não pensassem, como acontece de fato, que a conhecem através de Rousseau ou Montaigne.

Em seguida, Durkheim aborda as doutrinas como fatos, e é a educação do espírito histórico que ele tem a intenção de alcançar ao estudá-las. Normalmente, é de forma bastante diferente que elas são examinadas. Tomemos como exemplo os livros de Gabriel Compayré, manuais clássicos de história da Pedagogia, familiares a todos os nossos professores. Apesar de seu nome, não são histórias propriamente ditas. Eles sem dúvida prestam serviços, mas lembram, de modo lamentável, uma certa concepção da história da Filosofia, felizmente obsoleta. Parece que os grandes pedagogos, como Rabelais, Montaigne, Rollin e Rousseau, surgem aí como colaboradores do teórico que atualmente busca definir a doutrina pedagógica. Tem-se a impressão de que há uma verdade pedagógica eterna, válida de forma universal, da qual eles haviam proposto concepções aproximativas. Na doutrina deles, busca-se separar o joio do trigo, sustentar os preceitos utilizáveis atualmente pelos mestres, rejeitar seus paradoxos e erros. A crítica dogmática suplanta a história, e o elogio ou a condenação, a explicação das ideias. O resíduo e o proveito intelectual são bastante escassos. Não é através do confronto dialético das teorias do passado, teorias mais imbuídas de intuições confusas do que construídas de forma científica, que se tem chance de elaborar uma doutrina sólida e fecunda na prática. Acontece habitualmente de os pedagogos de segunda categoria, ecléticos, moderados, e cujo raciocínio é bastante fraco, resistirem bem melhor a esta crítica do que as mentes de primeira categoria. O bom-senso de um Rollin se mostra mais vantajoso quando comparado às extravagâncias de um Rousseau. Se a Pedagogia fosse uma ciência, sua história apresentaria um estranho aspecto: a genialidade a teria conduzido em erro na maior parte das vezes, ao passo que a mediocridade a teria mantido no caminho certo.

Decididamente, Durkheim reconhece que se possa buscar identificar, através de uma discussão crítica, os elementos de verdade contidos em uma doutrina. No prefácio que escreveu para o livro póstumo de Hamelin, *O sistema de Descartes*, ele expôs um método de interpretação tanto histórico quanto crítico, o qual ele próprio aplicou ao estudo de Pestalozzi e Herbart. Ele admirava o pensamento consistente e profundo destes grandes iniciadores e, longe de ignorar a sua fecundidade, perguntava-se se às vezes não lhes atribuía algumas das ideias cujos primeiros contornos ele acreditava encontrar em suas obras. Porém, seja qual for o seu valor dogmático, Durkheim procura identificar nas doutrinas sobretudo as forças sociais que inspiram um sistema de Educação ou trabalham para modificá-lo. A história da Pedagogia não é a história da educação, pois os teóricos não expressam exatamente o que de fato ocorre e nem o que de fato ocorrerá. Contudo, as ideias também são fatos e, quando têm grande repercussão, fatos sociais. O prodigioso sucesso de *Emílio* deriva de causas diferentes da genialidade de Rousseau: ele manifesta tendências confusas, porém enérgicas, da sociedade europeia do século XVIII. Há pedagogos conservadores, tais como Jouvency e Rollin, que refletem o ideal pedagógico dos jesuítas ou da universidade do século XVII. E, principalmente, visto que as grandes doutrinas se proliferam em épocas de crise, há pedagogos revolucionários que traduzem coisas coletivas essenciais para o observador e quase impossíveis de observar diretamente: aspirações, ideais em gestação, rebeliões contra instituições que se tornaram obsoletas. Durkheim estudou deste ponto de vista, por exemplo, as ideias pedagógicas do Renascimento e distinguiu, melhor do que qualquer um antes dele, as duas grandes correntes predominantes: a que atravessa a obra de Rabelais e a outra, bastante diferente apesar de sua mistura parcial, que atravessa a obra de Erasmo.

Esta é, em grandes linhas, a obra pedagógica de Durkheim. Este resumo basta para mostrar a sua extensão e as estreitas relações que ela mantém com o conjunto de sua obra sociológica. Para os educadores, ela oferece uma doutrina original e vigorosa, envolvendo os principais problemas pedagógicos. Para os sociólogos, ela esclarece as concepções que Durkheim expôs em outras obras sobre alguns pontos essenciais: relações entre o indivíduo e a sociedade, entre a ciência e a prática, a natureza da moralidade e a do entendimento. Sejam educadores ou sociólogos, muitos são os que desejam que esta obra pedagógica não permaneça inédita. Vamos tentar publicar as principais aulas.

O pequeno volume que estamos lançando hoje lhes servirá de introdução. Reimprimimos aqui apenas os estudos pedagógicos que Durkheim já havia publicado[4]. Os dois primeiros reproduzem os artigos "Éducation" e "Pédagogie" do *Nouveau*

---

4. Cabe, no entanto, mencionar: 1°) O artigo "Enfance", no *Dictionnaire de Pédagogie*, que Durkheim assinou em colaboração com Buisson; 2°) A palestra sobre *Éducation sexuelle*, feita na Société Française de Philosophie (*Bulletin*), que se assemelha sobretudo aos trabalhos de Durkheim sobre a família e o casamento. O estudo póstumo sobre *Emílio*, publicado na *Revue de Métaphysique et de Morale* (t. XXVI, 1919, p. 153), não pode ser separado de um outro sobre *O contrato social* nesta mesma revista (t. XXV, 1918).

Dictionnaire de Pédagogie et d'Instruction Primaire, publicado sob a direção de F. Buisson (Paris: Hachette, 1911); e o terceiro é a aula de abertura que foi dada quando Durkheim tomou posse de sua cadeira na Sorbonne em 1902 e que foi publicada no número de janeiro de 1903 da *Revue de Métaphysique et de Morale*.

Algumas páginas são redundantes. Nos dois primeiros estudos, há inclusive decalques textuais do terceiro. Mas pensamos que remanejar o original ocasionaria mais inconvenientes do que algumas repetições.

Paul Fauconnet

1
A EDUCAÇÃO, SUA NATUREZA E SEU PAPEL

1.1 As definições da educação: exame crítico

A palavra educação já foi empregada com um sentido bastante vasto para designar o conjunto das influências que a natureza ou os outros homens podem exercer sobre a nossa inteligência ou vontade. Stuart Mill diz que ela compreende "tudo o que fazemos por conta própria e tudo o que os outros fazem para nós com o objetivo de nos aproximar da perfeição da nossa natureza. Em sua acepção mais larga, ela compreende inclusive os efeitos indiretos produzidos no caráter e nas faculdades do homem por coisas cujo objetivo é completamente diferente: leis, formas de governo, artes industriais e mesmo fatos físicos, independentes da vontade do homem, tais como o clima, o solo e a posição local". Porém, esta definição engloba fatos bastante díspares que não podem ser reunidos sob um mesmo vocábulo sem dar lugar a confusões. Em função de seus procedimentos e resultados, a ação das coisas sobre os homens difere muito da que provém dos próprios homens; e a ação entre homens pertencentes à mesma faixa etária difere da que os adultos exercem sobre os mais jovens. O que nos interessa aqui é somente esta última, à qual, por conseguinte, convém reservar a palavra educação.

Mas em que consiste esta ação *sui generis*? A esta pergunta já foram dadas respostas bastante diferentes, que podem se dividir em dois tipos principais.

Segundo Kant, "o objetivo da educação é desenvolver em cada indivíduo toda a perfeição da qual ele é capaz". Mas o que se deve entender por perfeição? Já foi frequentemente dito que se trata do desenvolvimento harmônico de todas as faculdades humanas. Elevar ao ponto mais alto possível todas as potencialidades que se encontram dentro de nós, realizá-las de forma tão completa quanto possível, mas sem deixá-las prejudicarem umas às outras – não é um ideal acima de qualquer outro?

Mas embora, em certa medida, ele seja de fato necessário e desejável, este desenvolvimento harmônico não é totalmente realizável, pois ele contradiz uma outra regra da conduta humana que não é menos imperiosa: é a que faz com que nos dediquemos a uma tarefa específica e restrita. Não podemos nem devemos todos nos devotar ao mesmo gênero de vida; dependendo das nossas aptidões, temos funções diferentes a desempenhar, e é preciso estar em harmonia com aquela que nos incumbe. Nem todos nós fomos feitos para refletir; são precisos homens de sensação e ação. Ao contrário, são precisos outros cujo trabalho seja pensar. Ora, o pensamento só pode se desenvolver ao se desprender do movimento, recolhendo-se em si mesmo e desviando o sujeito da ação exterior para que ele mergulhe por completo em sua própria mente. Daí uma primeira distinção que não se dá sem uma ruptura de equilíbrio. E, assim como o pensamento, a ação, por sua vez, pode adotar uma multiplicidade de formas diferentes e específicas. Sem dúvida, esta especialização não exclui uma certa base comum e, por conseguinte, uma certa oscilação tanto das funções orgânicas quanto das psíquicas; oscilação sem a qual a saúde do indivíduo, bem como a coesão social, estariam comprometidas. Não é menos verdade, porém, que a harmonia perfeita não pode ser apresentada como o objetivo final da conduta e educação.

Ainda menos satisfatória é a definição utilitarista, segundo a qual a educação teria como objeto "transformar o indivíduo em um instrumento de felicidade para si mesmo e seus semelhantes" (James Mill), pois a felicidade é uma coisa essencialmente subjetiva que cada um estima da sua maneira. Com tal formulação, o objetivo da educação permanece, portanto, indeterminado, bem como a própria educação, que fica submetida à arbitrariedade individual. É verdade que Spencer tentou definir a felicidade objetivamente. Para ele, as condições da felicidade são as mesmas da vida. A felicidade plena é a vida plena. Mas o que se deve entender por vida? Quando se trata somente da vida física, pode-se mencionar aquilo cuja ausência a impossibilitaria; ela implica, de fato, um certo equilíbrio entre o organismo e seu meio, e, já que os dois termos relacionados são dados definíveis, o mesmo deve valer para a relação entre eles. Porém, só se pode exprimir assim as necessidades vitais mais imediatas. Ora, para o homem, e sobretudo para o homem de hoje, esta vida não é a vida. Esperamos da vida outra coisa além do funcionamento mais ou menos normal de nossos órgãos. Um indivíduo culto prefere não viver do que renunciar aos prazeres da inteligência. Até do ponto de vista apenas material, tudo o que excede o estritamente necessário foge de qualquer tentativa de determinação. O *standard of life*, como dizem os ingleses, ou seja, o padrão de vida, o mínimo ao qual podemos consentir, varia infinitamente de acordo com as condições, os meios e os tempos. O que ontem achávamos que era suficiente nos parece hoje não estar à altura da dignidade humana, tal como a sentimos no momento presente, e tudo leva a crer que as nossas exigências neste ponto só farão aumentar.

Esbarramos aqui na condenação geral a que todas estas definições se expõem. Elas partem do postulado de que há uma educação ideal, perfeita, válida sem distinção para todos os homens; e é esta educação universal e única que o teórico tenta definir. Mas primeiro, se a história é levada em consideração, nada que confirme tal hipótese pode ser encontrado. A educação variou muito de acordo com os tempos e os países. Nas pólis gregas e latinas, a educação ensinava o indivíduo a se subordinar cegamente à coletividade, tornar-se a coisa da sociedade. Hoje, ela tenta transformá-lo em uma personalidade autônoma. Em Atenas buscava-se formar intelectos finos, perspicazes, sutis, amantes de proporção e harmonia, capazes de gozar da beleza e dos prazeres da pura investigação; em Roma, desejava-se antes de tudo que as crianças se tornassem homens de ação, apaixonados pela glória militar, indiferentes a tudo o que envolve as letras e artes. Na Idade Média, a educação era acima de tudo cristã; no Renascimento, ela adquire um caráter mais laico e literário; hoje, a ciência tende a tomar o lugar que a arte ocupava antigamente. Pode-se redarguir que o fato não corresponde ao ideal; que, se a educação mudou, é porque os homens se enganaram sobre o que ela deveria ser. No entanto, se a educação romana tivesse sido marcada por um individualismo parecido com o nosso, a pólis romana não teria podido se manter; a civilização latina, e consequentemente a moderna, que em parte deriva daquela, não teriam podido se constituir. As sociedades cristãs da Idade Média não teriam podido sobreviver se tivessem concedido à reflexão livre a importância que lhe damos hoje. Existem, portanto, necessidades inelutáveis que é impossível abstrair. De que adianta imaginar uma educação que seria fatal para a sociedade que a colocasse em prática?

Este próprio postulado, aparentemente incontestável, repousa sobre um erro de ordem mais geral. Se começarmos a nos perguntar assim qual deve ser a educação ideal, abstração feita de toda condição de tempo e lugar, isto significa que admitimos de modo implícito que um sistema educativo não é, por si mesmo, nem um pouco real. Acabamos não vendo um conjunto de práticas e instituições que se organizaram lentamente ao longo do tempo, que são solidárias com todas as outras instituições sociais, exprimindo-as, e que, por conseguinte, bem como a própria estrutura da sociedade, não podem ser modificadas à vontade. Parece que estamos diante de um puro sistema de conceitos concretizados que, a este título, implica apenas a lógica. Pode-se imaginar que homens de todas as épocas o organizam voluntariamente para alcançar determinado fim; que, se esta organização não é a mesma em todo lugar, é porque houve um engano com relação à natureza ou do objetivo que convém buscar ou dos meios que permitem atingi-lo. Deste ponto de vista, as educações do passado surgem como erros totais ou parciais. Não se deve, portanto, levá-las em consideração; não somos obrigados a assumir os erros de observação ou de lógica dos nossos predecessores; mas podemos e devemos abordar o problema sem lidar com as soluções encontradas anteriormente. Ou seja, deixando de lado tudo o que foi feito, devemos nos perguntar somente o que deve ser feito. O ensino de história pode no máximo servir para nos poupar a repetição de erros já cometidos.

Porém, na verdade, cada sociedade, considerada em determinado momento de seu desenvolvimento, tem um sistema de educação que se impõe aos indivíduos com uma força geralmente irresistível. Não adianta crer que podemos educar os nossos filhos como quisermos. Há costumes aos quais somos obrigados a nos conformar; se os transgredirmos demais, eles acabam se vingando nos nossos filhos. Uma vez adultos, estes últimos acreditarão não poder viver em meio aos seus contemporâneos, com os quais não estarão em harmonia. Pouco importa se foram criados com ideias arcaicas ou avançadas demais; tanto em um caso como no outro, eles não terão condições de viver uma vida normal. Portanto, em qualquer época, existe um tipo regulador de educação do qual não podemos nos distanciar sem nos chocarmos com vigorosas resistências que escondem dissidências frustradas.

Ora, não fomos nós, individualmente, que inventamos os costumes e ideias que determinam este tipo de educação. Eles são o produto da vida em comum e refletem suas necessidades. Em sua maior parte, eles são inclusive fruto das gerações anteriores. Todo o passado da humanidade contribuiu para elaborar este conjunto de máximas que dirige a educação de hoje; nela está gravada toda a nossa história e mesmo a história dos povos que nos precederam. Este mecanismo é similar ao dos organismos superiores, que carregam como que o eco de toda a evolução biológica da qual eles são o resultado. Quando se estuda historicamente a maneira como os sistemas de educação se formaram e se desenvolveram, percebe-se que eles sempre dependeram da religião, da organização política, do grau de desenvolvimento das ciências, do estado da indústria, etc. Se forem desconectados de todas as causas históricas, eles se tornarão incompreensíveis. Como, então, o indivíduo pode pretender reconstruir, somente a partir de sua reflexão pessoal, o que não é fruto do pensamento individual? Ele não se encontra diante de uma tábula rasa sobre a qual poderá edificar o que quiser, mas sim de realidades existentes, as quais ele não pode nem criar, nem destruir, nem transformar à vontade. Ele só pode influenciá-las na medida em que aprender a conhecê-las e souber qual é a sua natureza e as condições das quais elas dependem; e só conseguirá saber tudo isto se seguir o seu exemplo, se começar a observá-las, como o físico o faz com a matéria bruta, e o biologista, com os seres vivos.

Aliás, como proceder de outra forma? Quando se quer determinar o que deve ser a educação unicamente através da dialética, é preciso começar estabelecendo que fins ela deve ter. Mas o que nos permite dizer que a educação tem tais fins, e não outros? Não sabemos *a priori* qual é a função da respiração ou da circulação no ser vivo. Que privilégio faria com que soubéssemos melhor o que diz respeito à função educativa? Pode-se responder que, obviamente, ela tem como objetivo criar as crianças. Mas isto equivale a colocar o problema em termos quase iguais, e não resolvê-lo. Seria preciso dizer em que consiste esta criação, aquilo a que ela tende, que necessidades humanas ela satisfaz. Ora, só se pode responder a tais questões começando por observar em que ela consistiu e que necessidades ela satisfez no passado. Desta forma, nem que seja apenas para constituir a noção preliminar de educação e determinar a coisa que se chama assim, a observação histórica surge como indispensável.

1.2 Definição da educação

Para definir a educação, é preciso, portanto, levar em consideração os sistemas educativos que existem ou que já existiram, compará-los e identificar os aspectos em comum. A reunião destes aspectos constituirá a definição que buscamos.

Ao longo do nosso caminho já determinamos dois elementos. Para que haja educação é preciso que uma geração de adultos e uma de jovens se encontrem face a face e que uma ação seja exercida pelos primeiros sobre os segundos. Resta-nos definir a natureza desta ação.

Não existe, por assim dizer, nenhuma sociedade em que o sistema de educação não apresente um duplo caráter: ele é ao mesmo tempo singular e múltiplo.

Ele é múltiplo. De fato, em certo sentido, pode-se dizer que em tal sociedade há tantos tipos quanto meios de educação diferentes. Tal sociedade, por exemplo, é formada por castas? A educação variará de uma casta para outra; a dos aristocratas não era igual à dos plebeus; a dos brâmanes não era igual à dos sudras. Da mesma forma, na Idade Média, que desproporção entre a cultura recebida pelos jovens pajens, instruídos em todas as artes da cavalaria, e a dos camponeses livres, que iam aprender na escola de sua paróquia alguns escassos elementos de cômputo, canto e gramática! Ainda hoje, não vemos a educação variar com as classes sociais ou mesmo com os *habitats*? A da cidade não é igual à do campo, a do burguês não é igual à do operário. Dirão por aí que esta organização não é moralmente justificável e pode ser considerada como um anacronismo destinado a desaparecer. A tese é fácil de defender. É óbvio que a educação dos nossos filhos não deveria depender do acaso que os faz nascer aqui ou lá, de tais pais em vez de outros. Porém, mesmo que a consciência moral de nosso tempo tivesse sido satisfeita neste ponto, nem por isso a educação seria mais uniforme. Mesmo que a carreira de cada criança não fosse, em grande parte, predeterminada por uma cega hereditariedade, a diversidade moral das profissões não deixaria de exigir uma grande diversidade pedagógica. De fato, cada profissão constitui um meio *sui generis* que demanda aptidões e conhecimentos específicos, um meio no qual predominam certas ideias, usos e maneiras de ver as coisas; e, já que a criança deve estar preparada com vistas à função que será levada a cumprir, a educação, a partir de determinada idade, não pode mais continuar a mesma para todos os sujeitos aos quais ela se aplicar. É por isto que, em todos os países civilizados, ela tende cada vez mais a se diversificar e se especializar, e esta especialização, a se tornar cada vez mais precoce. A heterogeneidade produzida assim não repousa sobre inegável injustiça, como a que observamos agora há pouco; mas ela não é menor. Para encontrar uma educação absolutamente homogênea e igualitária, é preciso voltar no tempo até as sociedades pré-históricas, no seio das quais não existia nenhuma diferenciação; e ainda assim estes tipos de sociedades representam apenas um momento lógico na história da humanidade.

Contudo, seja qual for a importância destas educações específicas, elas não são a educação toda. Pode-se até dizer que elas não são autossuficientes; em todos os lugares em que se pode observá-las, elas só divergem umas das outras a partir de certo ponto aquém do qual elas se confundem. Todas elas repousam sobre uma base comum. Não há povo em que não exista certo número de ideias, sentimentos e práticas que a educação deve inculcar em todas as crianças sem distinção, seja qual for a categoria social à qual elas pertencem. Mesmo quando a sociedade é dividida em castas fechadas umas às outras, sempre há uma religião comum a todos, e, por conseguinte, os princípios da cultura religiosa, que é então fundamental, são os mesmos na faixa inteira da população. Embora cada casta e cada família tenha seus deuses específicos, há divindades gerais reconhecidas por todo o mundo, às quais todas as crianças aprendem a adorar. E, visto que estas divindades encarnam e personificam certos sentimentos e maneiras de conceber o mundo e a vida, não se pode ser iniciado ao culto delas sem adquirir, ao mesmo tempo, todo tipo de hábitos mentais que excedem a esfera da vida puramente religiosa. Da mesma forma, na Idade Média, servos, camponeses, burgueses e nobres recebiam igualmente a mesma educação cristã. Se é assim em sociedades em que a diversidade intelectual e moral atinge este nível de contraste, então fica mais do que claro que o mesmo vale para povos mais avançados, nos quais as classes, embora permaneçam distintas, são separadas por um abismo menos profundo! Estes elementos comuns de toda educação não deixam de existir mesmo quando não se manifestam em forma de símbolos religiosos. Ao longo da nossa história, constituiu-se todo um conjunto de ideias sobre a natureza humana, a importância respectiva de nossas diferentes faculdades, o direito e o dever, a sociedade, o indivíduo, o progresso, a ciência, a arte, etc., ideias que se encontram na própria base do nosso espírito nacional; toda educação, tanto a do rico quanto a do pobre, tanto a que conduz às profissões liberais quanto a que prepara para as funções industriais, tem como objetivo fixá-las nas consciências.

O resultado destes fatos é: que cada sociedade elabora um certo ideal do homem, ou seja, daquilo que ele deve ser tanto do ponto de vista intelectual quanto físico e moral; que este ideal é, em certa medida, o mesmo para todos os cidadãos; que a partir de certo ponto ele se diferencia de acordo com os meios singulares que toda sociedade compreende em seu seio. É este ideal, único e diverso ao mesmo tempo, que é o polo da educação. Portanto, a função desta última é suscitar na criança:

1º) um certo número de estados físicos e mentais que a sociedade à qual ela pertence exige de todos os seus membros; 2º) certos estados físicos e mentais que o grupo social específico (casta, classe, família, profissão) também considera como obrigatórios em todos aqueles que o formam. Assim, é o conjunto da sociedade e cada meio social específico que determinam este ideal que a educação realiza. A sociedade só pode viver se existir uma homogeneidade suficiente entre seus membros; a educação perpetua e fortalece esta homogeneidade gravando previamente na alma da criança as semelhanças essenciais exigidas pela vida coletiva. No entanto, por outro lado, qualquer cooperação seria impossível sem uma certa diversidade; a educação assegura a persistência desta necessária diversidade diversificando-se e especializando-se a si mesma. Se a sociedade tiver alcançado o nível de desenvolvimento em que as antigas divisões em castas e classes não podem mais se manter, ela prescreverá uma educação mais una em sua base. Se, no mesmo momento, o trabalho estiver mais dividido, ela provocará nas crianças, a partir de um primeiro depósito de ideias e sentimentos comuns, uma diversidade de aptidões profissionais mais rica. Se ela viver em estado de guerra com as sociedades ambientes, ela se esforçará para formar os intelectos a partir de um modelo altamente nacional; se a concorrência internacional adotar uma forma mais pacífica, o tipo que ela buscará realizar é mais geral e humano. Portanto, para a sociedade, a educação é apenas o modo pelo qual ela prepara no coração das crianças as condições essenciais de sua própria existência. Veremos mais para a frente como o próprio indivíduo encontra vantagens em se submeter a estas exigências.

Chegamos, portanto, ao seguinte enunciado: *A educação é a ação exercida pelas gerações adultas sobre aquelas que ainda não estão maturas para a vida social. Ela tem como objetivo suscitar e desenvolver na criança um certo número de estados físicos, intelectuais e morais exigidos tanto pelo conjunto da sociedade política quanto pelo meio específico ao qual ela está destinada em particular.*

1.3 Consequência da definição anterior: caráter social da educação

A partir da definição precedente, pode-se concluir que a educação consiste em uma socialização metódica das novas gerações. Em cada um de nós, pode-se dizer, existem dois seres que, embora sejam inseparáveis – a não ser por abstração –, não deixam de ser distintos. Um é composto de todos os estados mentais que dizem respeito apenas a nós mesmos e aos acontecimentos da nossa vida pessoal: é o que se poderia chamar de ser individual. O outro é um sistema de ideias, sentimentos e hábitos que exprimem em nós não a nossa personalidade, mas sim o grupo ou os grupos diferentes dos quais fazemos parte; tais como as crenças religiosas, as crenças e práticas morais, as tradições nacionais ou profissionais e as opiniões coletivas de todo tipo. Este conjunto forma o ser social. Constituir este ser em cada um de nós é o objetivo da educação.

Aliás, é aí que se manifesta melhor a importância do seu papel e a fecundidade da sua ação. De fato, este ser social não somente não se encontra já pronto na constituição primitiva do homem como também não resulta de um desenvolvimento espontâneo. Espontaneamente, o homem não tinha tendência a se submeter a uma autoridade política, respeitar uma disciplina moral, dedicar-se e sacrificar-se. A nossa natureza congênita não apresentava nada que nos predispusesse necessariamente a nos tornarmos servidores de divindades, emblemas simbólicos da sociedade, a lhes prestarmos culto ou a nos privarmos para honrá-las. Foi a própria sociedade que, à medida que ia se formando e se consolidando, tirou do seu seio estas grandes forças morais, diante das quais o homem sentiu a sua inferioridade. Ora, com exceção de tendências vagas e incertas que podem ser atribuídas à hereditariedade, ao entrar na vida, a criança traz apenas a sua natureza de indivíduo. Portanto, a cada nova geração, a sociedade se encontra em presença de uma tábula quase rasa sobre a qual ela deve construir novamente. É preciso que, pelos meios mais rápidos, ela substitua o ser egoísta e associal que acaba de nascer por um outro capaz de levar uma vida moral e social. Esta é a obra da educação, cuja grandeza podemos reconhecer. Ela não se limita a reforçar as tendências naturalmente marcantes do organismo individual, ou seja, desenvolver potencialidades ocultas que só estão esperando para serem reveladas. Ela cria um novo ser no homem.

Esta virtude criadora é, aliás, um privilégio específico da educação humana. A que os animais recebem é completamente diferente, se é que podemos chamar de educação o treinamento progressivo ao qual eles são submetidos por seus pais. Este treinamento bem pode acelerar o desenvolvimento de certos instintos que estão latentes no animal, mas não o inicia a uma nova vida. Ele facilita o movimento das funções naturais, mas não cria nada. Instruído pela mãe, o filhote saberá voar ou fazer o ninho de forma mais rápida, mas não aprenderá quase nada a não ser através de sua experiência individual. É que os animais ou vivem fora de todo estado social ou formam sociedades bastante simples, que funcionam a partir de mecanismos instintivos que cada indivíduo carrega consigo perfeitamente constituídos desde o nascimento. Portanto, a educação não pode acrescentar nada de essencial à natureza, visto que esta última é inteiramente suficiente, tanto para a vida do grupo quanto para a do indivíduo. No homem, ao contrário, as aptidões de todo tipo que a vida social supõe são complexas demais para poderem, de certo modo, encarnar-se nos tecidos e materializar-se sob a forma de predisposições orgânicas. Por conseguinte, elas não podem ser transmitidas de uma geração para a outra através da hereditariedade. É a educação que garante a transmissão.

No entanto, pode-se objetar, se de fato é possível conceber que as qualidades propriamente morais só podem ser suscitadas em nós por uma ação vinda do exterior, uma vez que elas impõem privações ao indivíduo e reprimem os seus movimentos naturais, não haveria outras qualidades que todo homem tem interesse em adquirir e busca espontaneamente? Pensemos, por exemplo, nas diversas qualidades da inteligência que lhe permitem adaptar melhor a sua conduta à natureza das coisas. Pensemos também nas qualidades físicas e em tudo o que contribui para o vigor e a saúde do organismo. Com relação a estas últimas, pelo menos, parece que a educação, ao desenvolvê-las, não faça mais do que tomar a dianteira do próprio desenvolvimento natural, alçando o indivíduo a um estado de perfeição relativa à qual ele tende por si mesmo, embora possa alcançá-lo de forma mais rápida com a ajuda da sociedade.

Porém, apesar das aparências, o que mostra bem que, tanto aqui como alhures, a educação satisfaz acima de tudo necessidades sociais é que existem sociedades em que estas qualidades não foram absolutamente cultivadas e que, em todo caso, foram compreendidas de modo muito diferente, dependendo das sociedades. Nem todos os povos reconheceram as vantagens de uma sólida cultura intelectual. A ciência e o espírito crítico, os quais valorizamos tanto atualmente, durante muito tempo foram vistos com desconfiança. Não conhecemos uma grande doutrina segundo a qual são bem-aventurados os pobres de espírito? Não se deve pensar que esta indiferença com relação ao saber tenha sido artificialmente imposta aos homens contra a natureza deles. Eles não têm por si mesmos o apetite instintivo de ciência que lhes é frequente e arbitrariamente atribuído e só desejam a ciência na medida em que a experiência lhes mostra o quão imprescindível ela é para eles. Ora, no que diz respeito à organização de sua vida individual, eles não se interessavam nem um pouco pela ciência. Como já dizia Rousseau, para satisfazer às necessidades vitais, a sensação, a experiência e o instinto podiam bastar para o homem assim como para o animal. Se o homem não tivesse sentido outras necessidades além daquelas, bastante simples, cujas raízes provêm de sua constituição individual, ele não teria corrido atrás da ciência; ainda mais que ela não foi obtida sem laboriosos e dolorosos esforços. Ele só sentiu a sede do saber quando a sociedade a provocou nele, e a sociedade só a provocou quando ela mesma sentiu esta necessidade. Isto aconteceu quando a vida social, sob todas as suas formas, tornou-se complexa demais para poder funcionar de outra forma a não ser com base na reflexão, ou seja, no pensamento iluminado pela ciência. A cultura científica se tornou então indispensável, e é por isto que a sociedade a exige de seus membros e a impõe como um dever. Entretanto, em suas origens, enquanto a organização social for bastante simples, muito pouco variada e sempre fiel a si mesma, a cega tradição bastará, assim como o instinto para o animal. Neste contexto, o raciocínio e o livre pensamento são inúteis e até perigosos, já que necessariamente ameaçariam a tradição. É por isto que eles são proscritos.

O mesmo vale até para as qualidades físicas. Se o estado do meio social inclinar a consciência pública para o ascetismo, a educação física será rejeitada para o segundo plano. É um pouco o que acontecia nas escolas da Idade Média; e este ascetismo era necessário, pois a única maneira de se adaptar à rudeza daqueles tempos difíceis era amando-a. Da mesma forma, dependendo das linhas de opinião, esta mesma educação será entendida nos mais diferentes sentidos. Em Esparta, ela tinha como objetivo sobretudo endurecer os membros contra o cansaço; em Atenas, ela era um meio de modelar belos corpos para serem admirados; na época da cavalaria, esperava-se que ela formasse guerreiros ágeis e flexíveis; hoje em dia, ela só visa à higiene e se preocupa sobretudo em conter os perigosos efeitos de uma cultura intelectual demasiado intensa. Assim, o indivíduo só busca as qualidades que à primeira vista parecem tão espontaneamente desejáveis quando a sociedade o incita nesta direção. E ele as busca da maneira que ela lhe prescreve.

Estamos agora aptos a responder a uma questão levantada por tudo o que acabamos de ver. Enquanto mostrávamos a sociedade modelando os indivíduos de acordo com as suas necessidades, podia parecer que eles sofriam assim uma insuportável tirania. Porém, na realidade, eles próprios têm interesse nesta submissão, pois o novo ser que a ação coletiva edifica em cada um de nós através da educação representa o que há de melhor em nós, ou seja, o que há de propriamente humano em nós. De fato, o homem só é homem porque vive em sociedade. É difícil demonstrar com rigor, em um artigo, uma afirmação tão geral e importante e que resume os trabalhos da Sociologia contemporânea. Mas já podemos, pelo menos, dizer que ela está sendo cada vez menos contestada. Além disso, é possível lembrar sumariamente os fatos mais essenciais que a justificam.

Antes de tudo, se existe hoje um fato historicamente estabelecido, é o fato de que a moral cultiva estreitas relações com a natureza das sociedades, visto que, como já mostramos antes, ela muda quando as sociedades mudam. Isto significa, portanto, que a moral resulta da vida em comum. De fato, é a sociedade que nos faz sair de nós mesmos, que nos obriga a considerar interesses diferentes dos nossos, que nos ensinou a dominar os nossos ímpetos e instintos, a sujeitá-los a leis, a nos reprimir, privar, sacrificar, subordinar os nossos fins pessoais a fins mais elevados. Foi a sociedade que instituiu nas nossas consciências todo o sistema de representação que alimenta em nós a ideia e o sentimento da regra e da disciplina, tanto internas quanto externas. Foi assim que adquirimos o poder de resistir a nós mesmos, ou seja, o domínio sobre as nossas vontades, um dos traços marcantes da fisionomia humana, desenvolvido à medida que nos tornamos mais plenamente humanos.

Do ponto de vista intelectual, não devemos menos à sociedade. É a ciência que elabora as noções cardeais que dirigem o nosso pensamento: noções de causa, leis, espaço, número, corpos, vida, consciência, sociedade, etc. Todas estas ideias fundamentais estão em constante evolução: é que elas são o resumo e o resultado de todo o trabalho científico, e não o seu ponto de partida, como acreditava Pestalozzi. Não consideramos hoje o homem, a natureza, as causas e inclusive o espaço como eles eram considerados na Idade Média; é que os nossos conhecimentos e métodos científicos não são mais os mesmos. Ora, a ciência é uma obra coletiva, visto que supõe uma vasta cooperação entre todos os sábios não somente de um mesmo período, como também de todas as épocas sucessivas da história. – Antes de as ciências estarem constituídas, a religião desempenhava o mesmo papel, pois toda mitologia consiste em uma representação, já bastante elaborada, do homem e do universo. Aliás, a ciência é herdeira da religião, que, por sua vez, é uma instituição social. – Ao aprender uma língua, aprendemos todo um sistema de ideias, distintas e classificadas, e herdamos todo o trabalho do qual são oriundas estas classificações, que resumem séculos de experiência. E tem mais: sem a linguagem, não teríamos, por assim dizer, nenhuma ideia geral, pois é a palavra que, ao fixar os conceitos, lhes dá consistência suficiente para que eles possam ser manipulados comodamente pelo intelecto. Portanto, foi a linguagem que nos permitiu elevar-nos acima da pura sensação; e é desnecessário demonstrar que a linguagem é, por excelência, uma coisa social.

Estes exemplos mostram que, se tudo o que a sociedade deu ao homem lhe fosse retirado, ele seria reduzido à categoria do animal. Se ele pôde ultrapassar o estágio no qual os animais se estagnaram, foi primeiro porque ele não se contenta somente com o fruto dos seus esforços pessoais, mas coopera regularmente com os seus semelhantes; o que reforça o rendimento da atividade de cada um. Foi também – e sobretudo – porque os produtos do trabalho de uma geração deixam assim de serem perdidos pela geração seguinte. De tudo o que um animal aprende ao longo de sua existência individual, quase nada fica para a sua posteridade. Os resultados da experiência humana, ao contrário, conservam-se quase que integralmente e até em seus detalhes, graças aos livros, monumentos figurativos, ferramentas, instrumentos de todo tipo transmitidos de geração em geração, tradição oral, etc. O solo da natureza é assim recoberto por um rico aluvião que vai crescendo sem parar. Ao invés de se dissipar todas as vezes em que uma geração se extingue e é substituída por outra, a sabedoria humana se acumula sem cessar, e é esta infinita acumulação que eleva o homem acima da besta e de si mesmo. Todavia, assim como a cooperação que mencionamos acima, esta acumulação só é possível na e pela sociedade. Isto porque, para que o legado de cada geração possa ser conservado e transmitido para as outras, é preciso que haja uma personalidade moral que atravesse as gerações que passam e que as ligue umas às outras: é a sociedade. Assim, o antagonismo que muitas vezes se supôs existir entre a sociedade e o indivíduo não corresponde à realidade. Estes dois termos estão longe de se oporem e só poderem se desenvolver de modo divergente. Na verdade, um implica o outro. Ao querer a sociedade, o indivíduo quer a si mesmo. O objetivo e o efeito da ação que ela exerce sobre ele, principalmente através da educação, não são nem um pouco reprimi-lo, diminuí-lo, desnaturá-lo, mas sim amplificá-lo e transformá-lo em um ser verdadeiramente humano. Sem dúvida, ele só pode crescer desta forma fazendo esforço. Mas, justamente, o poder de fazer esforço de modo voluntário é uma das características mais essenciais do homem.

1.4 O papel do Estado em matéria de Educação

Esta definição da educação permite resolver facilmente a questão tão controversa dos deveres e direitos do Estado em matéria de Educação.

A estes opõem-se os direitos da família. Acredita-se que a criança pertence primeiro aos seus pais; portanto, é a eles que cabe dirigir, como bem entenderem, o seu desenvolvimento intelectual e moral. A educação é então concebida como uma coisa essencialmente privada e doméstica. Quando adotamos este ponto de vista, tendemos de forma natural a reduzir a intervenção do Estado ao mínimo possível. Ele deveria, dizemos, limitar-se a servir como auxiliar e substituto das famílias. Quando elas se encontram inaptas a cumprir os seus deveres, é natural que ele se encarregue dos mesmos. É natural até que ele lhes facilite ao máximo a tarefa, colocando à sua disposição escolas aonde possam enviar seus filhos se quiserem. Mas ele deve se manter estritamente dentro destes limites e se impedir de realizar qualquer ação destinada a gravar determinada orientação na alma da juventude.

Porém, o seu papel não deve permanecer tão negativo. Se, como tentamos mostrar aqui, a educação desempenha acima de tudo uma função coletiva e tem como objetivo adaptar a criança ao meio social no qual ela está destinada a viver, é impossível que a sociedade se desinteresse de tal operação. Se a sociedade constitui o ponto de referência para a educação dirigir a sua ação, como ela poderia ficar ausente desta última? Portanto, é a ela que cabe constantemente lembrar ao professor que ideias e sentimentos ele deve arraigar na criança para que a mesma entre em harmonia com o seu meio social. Se ela não estivesse sempre presente e vigilante para obrigar a ação pedagógica a se exercer em um sentido social, esta última se colocaria necessariamente a serviço de crenças particulares, e a grande alma da pátria se dividiria e se dissolveria em uma pluralidade incoerente de pequenas almas fragmentárias em conflito umas com as outras. Nada é mais contrário ao objetivo fundamental de toda educação do que isto. É preciso escolher:

se quisermos valorizar a existência da sociedade – acabamos de ver o que ela significa para nós –, é preciso que a educação estabeleça uma comunhão de ideias e sentimentos suficiente entre os cidadãos, comunhão sem a qual qualquer sociedade é impossível; e, para que possa produzir este resultado, a educação não pode ficar totalmente à mercê das arbitrárias vontades individuais.

Uma vez que a educação é uma função essencialmente social, o Estado não pode se desinteressar dela. Pelo contrário, tudo o que é educação deve ser, em certa medida, submetido à sua ação. Isto não significa, no entanto, que ele deva necessariamente monopolizar o ensino. A questão é demasiado complexa para que possamos tratá-la assim sem entrar em detalhes: vamos reservá-la para mais tarde. Pode-se pensar que os progressos escolares são mais simples e rápidos quando uma certa margem de manobra é concedida às iniciativas individuais, pois o indivíduo é mais facilmente inovador do que o Estado. Porém, o fato de o Estado dever, em prol do interesse público, autorizar o funcionamento de outras escolas além daquelas sob sua responsabilidade direta não implica que ele permaneça indiferente ao que acontece dentro destas instituições. A Educação que elas fornecem deve, pelo contrário, ficar submetida ao seu controle. Não é nem mesmo admissível que a função de educador seja desempenhada por alguém que não apresente garantias específicas que somente o Estado pode julgar. Sem dúvida, os limites dentro dos quais a sua intervenção deve se manter são difíceis de se determinar de modo definitivo, mas o princípio de intervenção não pode ser contestado. Não há escola que possa reivindicar o direito de dar, com toda liberdade, uma Educação antissocial.

No entanto, é necessário reconhecer que o estado de divisão em que atualmente se encontram as mentes na França[5] faz com que este dever do Estado se torne especialmente delicado e, ao mesmo tempo, mais importante. De fato, não cabe ao Estado criar esta comunhão de ideias e sentimentos sem a qual não existe sociedade; ela deve se constituir por si só, e a única coisa que ele pode fazer é consagrá-la, mantê-la e torná-la mais consciente para as pessoas. Ora, infelizmente, no nosso país [Fança], esta unidade moral não é, em todos os ângulos, o que ela deveria ser. Ficamos divididos entre concepções divergentes e às vezes até contraditórias. Em meio a estas divergências, há um fato que é impossível negar e que é preciso levar em consideração. Não se trata de conceder ao grupo majoritário o direito de impor suas ideias às crianças pertencentes ao grupo minoritário. A escola não deve ser a coisa de um partido, e o professor faltará ao seu dever se usar a autoridade da qual dispõe para embarcar os seus alunos a bordo de suas parciais visões pessoais, por mais bem fundadas que elas lhe possam parecer. Porém, a despeito de todas as dissidências, já há desde agora, na base da nossa civilização, um certo número de princípios que, implícita ou explicitamente, são comuns a todos, princípios que, em todo caso, muito poucos ousam negar de forma aberta e frontal: respeito da razão, da ciência e das ideias e sentimentos que sustentam a moral democrática. O papel do Estado consiste em identificar estes princípios essenciais, fazer com que eles sejam ensinados nas escolas, garantir que em lugar algum os adultos deixem as crianças ignorá-los e certificar-se de que por toda parte se fale deles com o respeito que lhes é devido. Sendo assim, pode-se

---

5. Esta obra foi escrita tendo como foco inicial a França [N.E.].

exercer uma ação que talvez será tanto mais eficaz quanto menos agressiva e violenta for e quanto melhor se mantiver dentro de limites sensatos.

1.5 Poder da educação: meios de ação

Uma vez determinado o objetivo da educação, é preciso buscar definir como e em que medida é possível atingi-lo, ou seja, como e em que medida a educação pode ser eficaz.

Esta questão sempre foi controversa. Para Fontenelle, "a boa educação não forma o bom caráter, e a má tampouco o destrói". Para Locke e Helvétius, ao contrário, a educação é onipotente. Segundo este último, "todos os homens nascem iguais e com aptidões semelhantes; somente a educação dá origem às diferenças". A teoria de Jacotot se aproxima da anterior. A solução que se dá ao problema depende, de um lado, da ideia que se tem da importância e da natureza das predisposições inatas e, de outro, do poder dos meios de ação disponíveis para o educador.

A educação não forma o homem a partir do nada, como acreditavam Locke e Helvétius, mas se aplica a disposições que já se encontram na criança. De modo geral, pode-se admitir que estas tendências congênitas sejam bastante fortes e difíceis de destruir ou transformar radicalmente, pois dependem de condições orgânicas sobre as quais o educador não tem muito controle. Seguindo este raciocínio, na medida em que estas tendências têm um objeto definido e inclinam o intelecto e o caráter para maneiras de agir e pensar estreitamente estabelecidas, todo o futuro do indivíduo se vê determinado de antemão, e à educação não resta muita coisa a fazer.

Felizmente, porém, uma das características do homem é o fato de as suas predisposições inatas serem bastante gerais e vagas.

De fato, o tipo de predisposição fixa, rígida, invariável e que impede a ação de causas exteriores é o instinto. Ora, podemos nos perguntar se existe no homem um único instinto propriamente dito. Fala-se às vezes do instinto de conservação. Mas a expressão é inadequada, pois o instinto é um sistema de movimentos determinados que são sempre idênticos e que, uma vez estimulados pela sensação, encadeiam-se automaticamente uns aos outros até chegarem ao seu término natural, sem que a reflexão possa intervir em algum momento. Ora, os movimentos que executamos quando nossa vida está em perigo não apresentam absolutamente esta determinação e invariabilidade automática. Eles mudam de acordo com as situações, e nós os adaptamos às circunstâncias. Isto significa, portanto, que eles são acompanhados por uma certa escolha consciente, embora rápida. Aquilo que chamamos de instinto de conservação não passa, no fim das contas, de um impulso geral que nos leva a fugir da morte. E os meios pelos quais tentamos evitá-la não são predeterminados uma vez por todas. O mesmo vale para aquilo que às vezes chamamos, de forma igualmente inadequada, de instinto materno, instinto paterno e mesmo instinto sexual. São forças que incitam em determinada direção, mas os meios pelos quais estas forças se concretizam mudam de um indivíduo para o outro e de uma ocasião para a outra. Existe, portanto, uma grande margem de manobra para as tentativas, adaptações pessoais e, por conseguinte, para a ação de fatores que só podem exercer influência depois do nascimento. Ora, a educação é um destes fatores.

Já se afirmou, é verdade, que a criança às vezes herdava uma tendência bastante forte a cometer determinados atos, como o suicídio, o roubo, o assassinato, a fraude, etc. Mas estas afirmações não correspondem nem um pouco à realidade. Podem ter dito o que for, mas ninguém nasce criminoso e muito menos predestinado a tal ou tal tipo de crime; o paradoxo dos criminologistas italianos hoje em dia não conta mais com muitos defensores. O que é herdado é uma certa falta de equilíbrio mental, que leva o indivíduo a ser mais refratário a uma conduta regular e disciplinada. Mas tal temperamento não predestina um homem a ser mais um criminoso do que um apaixonado aventureiro, um profeta, um precursor político, um inventor, etc. O mesmo vale para todas as aptidões profissionais. Como nota Bain, "o filho de um grande filólogo não herda um único vocábulo; o filho de um grande viajante pode, na escola, ser deixado para trás em Geografia pelo filho de um mineiro". O que a criança recebe dos seus pais são faculdades bastante gerais, como, por exemplo, determinada capacidade de atenção, certa dose de perseverança, bom discernimento, imaginação, etc. Mas cada uma destas faculdades pode servir a diferentes tipos de propósitos. A criança dotada de uma imaginação vivaz pode, conforme as circunstâncias e influências que pesarão sobre si, tornar-se pintor ou poeta, engenheiro criativo ou empresário ousado. É, portanto, considerável a distância que existe entre as qualidades naturais e a forma específica que elas devem adotar para serem utilizadas na vida. Isto significa que o futuro não se encontra estreitamente predeterminado pela nossa constituição congênita. É fácil entender a razão disto. As únicas formas de atividade transmitidas hereditariamente são as que se repetem sempre, de maneira bastante idêntica, para poderem se fixar em uma forma rígida nos tecidos orgânicos. Ora, a vida humana depende de condições múltiplas, complexas e, consequentemente, cambiantes; é preciso, portanto, que ela própria mude e se modifique sem cessar. Assim, é impossível que ela se cristalize em uma forma definida e definitiva. Porém, somente disposições muito gerais e vagas, que exprimam as características em comum de todas as experiências singulares, podem sobreviver e passar de uma geração para a outra.

Dizer que as características inatas são, em sua maioria, muito gerais é o mesmo que dizer que elas são bastante maleáveis e flexíveis, visto que podem ser determinadas de modos bastante diversos. Entre as virtualidades indecisas que constituem o homem no momento em que ele acaba de nascer e a personalidade bastante definida que ele deve modelar para desempenhar um papel útil na sociedade, a distância é, portanto, imensa. É esta distância que a educação deve fazer a criança percorrer. Um vasto campo está aberto para a sua ação.

Mas, para executar esta ação, será que ela possui meios com energia suficiente?

Para dar uma ideia do que constitui a ação educativa e mostrar o seu poder, um psicólogo contemporâneo, Guyau, comparou-a com a sugestão hipnótica; e a comparação não deixa de ter fundamento.

De fato, a sugestão hipnótica supõe as duas seguintes condições: 1º) O estado em que se encontra o sujeito hipnotizado se caracteriza por sua excepcional passividade. O intelecto fica quase que reduzido ao estado de tábula rasa, uma espécie de vazio é criado na consciência, e a vontade se encontra como que paralisada. Por conseguinte, como ela não se confronta com nenhuma ideia contrária, a ideia sugerida pode se instaurar com o mínimo de resistência. 2º) No entanto, como o vazio nunca é completo, é preciso ainda que a ideia tire da própria sugestão um poder de ação especial. Para isso é necessário que o magnetizador empregue um tom de comando e fale com autoridade. Ele deve dizer "*Eu quero*", indicar que a desobediência não é nem mesmo concebível, que o ato deve ser realizado, que a coisa deve ser vista do modo como ele a mostra e que não pode ser de outra forma. Se ele fraquejar, o sujeito hesitará, resistirá e às vezes até desobedecerá. E, se ele começar a discutir, o seu poder acabou. Quanto mais a sugestão ir contra o temperamento natural do hipnotizado, mais o tom imperativo será indispensável.

Ora, estas duas condições são realizadas nas relações que o educador mantém com a criança submetida à sua ação: 1°) A criança se encontra naturalmente em um estado de passividade comparável com aquele no qual o hipnotizado se encontra artificialmente mergulhado. Sua consciência ainda não contém mais do que um pequeno número de representações capazes de lutar contra as que lhe são sugeridas, sua vontade ainda é rudimentar. É por isto que ela é tão facilmente sugestionável. Pela mesma razão, ela é bastante permeável ao exemplo e à imitação. 2°) A primazia que o professor tem naturalmente sobre o aluno, devido à superioridade de sua experiência e cultura, abastece naturalmente a sua ação com a eficácia que lhe é necessária.

A comparação da educação com a sugestão hipnótica, cujo poder é notório, mostra o quão potentes são as armas do educador. Portanto, se a ação educativa apresenta, embora em menor grau, uma eficácia análoga, pode-se alcançar grandes resultados, contanto que se saiba utilizá-la corretamente. Longe de nos sentirmos desmotivados face à nossa impotência, devemos mais é ficar espantados com a extensão do nosso poder. Se professores e pais percebessem, de modo mais constante, que nada acontece diante da criança sem deixar algum vestígio nela, que a configuração do seu intelecto e caráter depende daquelas milhares de açõezinhas insensíveis que ocorrem a todo instante sem chamar a nossa atenção em função de sua aparente insignificância, como eles tomariam mais cuidado com a sua linguagem e conduta! Certamente, a educação não se mostra eficaz quando age com brusquidão e intermitência. Como diz Herbart, não é admoestando a criança com veemência de vez em quando que se pode provocar grande impacto em sua mente. Porém, quando a educação se mostra paciente e contínua e não busca sucessos imediatos e aparentes, mas se dá calmamente em um sentido bem determinado, sem se deixar desviar por incidentes exteriores e circunstâncias fortuitas, ela dispõe de todos os meios necessários para marcar as almas profundamente.

Vemos, ao mesmo tempo, qual é o mecanismo essencial da ação educativa. O que cria a influência do magnetizador é a autoridade que ele obtém das circunstâncias. Por analogia, pode-se dizer desde já que a educação deve ser, em sua essência, uma questão de autoridade. Esta importante afirmação pode, aliás, ser diretamente estabelecida. De fato, já vimos que a educação tem como objetivo substituir o ser individualista e associal que somos ao nascermos por um ser inteiramente novo. Ela deve nos conduzir a deixarmos para trás a nossa natureza inicial: esta é a condição para que a criança se torne homem. Ora, só podemos nos superar através de um esforço mais ou menos custoso. Nada é tão errado e enganador quanto a concepção epicurista da educação; a concepção de Montaigne, por exemplo, segundo a qual o homem pode se formar utilizando como único estímulo a atração do prazer. Embora a vida não seja sombria e embora afirmar artificialmente o contrário às crianças seja um crime, ela não deixa de ser séria e grave, e a educação, que prepara para a vida, deve participar desta gravidade. Para aprender a domar o seu egoísmo natural, subordinar-se a fins mais elevados, submeter os seus desejos ao império da sua força de vontade e contê-los dentro de limites sensatos, é preciso que a criança exerça uma forte repressão sobre si mesma. Ora, as duas únicas razões que fazem com que nós nos coibamos são a necessidade física ou o dever moral. Porém, a criança não sente a necessidade que nos impõe fisicamente estes esforços, pois não está imediatamente em contato com as duras realidades da vida, que tornam esta atitude indispensável. Ela ainda não começou a lutar – embora Spencer o tenha aconselhado, não podemos deixá-la exposta às severas reações das coisas. É preciso que ela já esteja, em grande parte, formada quando realmente tiver de enfrentá-las. Portanto, não se pode contar com a pressão exercida pela realidade para determinar a criança a ter força de vontade e adquirir o autocontrole necessário.

Resta o dever. Para a criança, e inclusive para o adulto, é o sentimento do dever que é, por excelência, o estimulante do esforço. Por si só, o amor-próprio já supõe isto, pois, para ser sensível às punições e recompensas, como se convém, é preciso ter consciência da sua dignidade e, por conseguinte, do seu dever. Todavia, a criança só aprende o dever com os seus professores ou pais, só podendo saber em que ele consiste pelo modo como estes últimos o revelam através da sua linguagem e comportamento. Portanto, é preciso que eles encarnem e personifiquem o dever para ela. Isto significa que a autoridade moral é a principal qualidade do educador, pois é através desta autoridade contida nele que o dever é dever. O que ele possui de completamente *sui generis* é o tom imperativo com o qual se dirige às consciências, o respeito que inspira aos desejos alheios e com o qual os subjuga tão logo se pronuncia. Assim, é indispensável que uma impressão do mesmo gênero emane da pessoa do professor.

É desnecessário demonstrar que a autoridade entendida desta forma não tem nada a ver com a violência ou a repressão; ela consiste, por inteiro, em uma certa primazia moral. Ela supõe que o professor respeite duas principais condições. Ele deve primeiro ter determinação, pois a autoridade implica a confiança, e a criança não confia em ninguém que hesite, tergiverse e volte atrás a respeito de suas decisões. Mas esta primeira condição não é a mais essencial. O mais importante é que o professor realmente sinta dentro de si a autoridade, cujo sentimento ele deve transmitir. Ela constitui uma força que ele só pode manifestar se efetivamente a possuir. Mas, afinal, de onde ela vem? Será que é do poder material do qual está munido? Será que é do direito que ele tem de punir e recompensar? Mas o medo do castigo é algo muito diferente do respeito da autoridade. Ele só possui valor moral se o castigo for reconhecido como justo pelo indivíduo que o recebe, o que implica que a autoridade que pune já tenha sido reconhecida como legítima. A questão é justamente esta. Não é de fora que o professor pode adquirir a sua autoridade, mas sim de si mesmo; ela só pode ter origem em uma fé interior. Ele deve crer, sem dúvida, não em si mesmo ou nas qualidades superiores de sua inteligência ou coração, mas sim na sua tarefa e na grandeza da mesma. O que constrói a autoridade que impregna tão facilmente a palavra do eclesiástico é a elevada ideia que ele nutre a respeito de sua missão, pois ele fala em nome de um Deus do qual ele se sente mais próximo do que a multidão dos profanos. O professor laico pode e deve alimentar um pouco deste sentimento. Ele também constitui o órgão de uma grande entidade moral que pertence a um nível superior: a sociedade. Assim como o padre é o intérprete do seu Deus, ele é, por sua vez, o intérprete das grandes ideias morais da sua época e nação. Se ele for apegado a estas ideias e sentir toda a grandeza das mesmas, a autoridade que elas revestem e da qual ele está ciente não pode deixar de se manifestar em sua pessoa e em tudo o que emana dela. Em uma autoridade oriunda de uma fonte tão impessoal quanto esta não pode entrar nem orgulho, nem vaidade e nem pedantismo. Ela é inteiramente constituída pelo respeito que ele nutre com relação às suas funções e, se podemos falar assim, ao seu ministério. É este respeito que, através da palavra e da linguagem gestual, é transmitido da sua consciência para a da criança.

Já se opuseram a liberdade e a autoridade, como se estes dois fatores da educação se contradissessem e se restringissem. Mas esta oposição é uma falácia. Na verdade, longe de se excluírem, estes dois termos são complementares. A liberdade é filha da autoridade bem aplicada, pois ser livre não significa fazer o que bem entender, mas sim ter autocontrole e saber agir guiado pela razão e cumprir o seu dever. Ora, a autoridade do professor, que é apenas um aspecto da autoridade do dever e da razão, deve ser empregada justamente para dotar a criança deste autocontrole. A criança deve, portanto, estar acostumada a reconhecer a autoridade na palavra do educador e a respeitar a sua superioridade. Esta é a condição para que mais tarde ela a reencontre em sua consciência e acate o que ela prescrever.

2
Natureza e método da Pedagogia

Muitas vezes se confunde educação e pedagogia, termos que no entanto pedem para ser cuidadosamente diferenciados. A educação é a ação exercida nas crianças pelos pais e professores. Esta ação é constante e geral. Não há nenhum período na vida social e nem mesmo, por assim dizer, nenhum momento do dia em que as novas gerações não estejam em contato com os mais velhos e, por conseguinte, não recebam a influência educadora destes últimos. Isto porque esta influência não é sentida somente nos instantes bastante curtos em que os pais ou professores compartilham, de modo consciente e através de um ensino propriamente dito, os resultados de suas experiências com aqueles que nasceram depois deles. Existe uma educação inconsciente e incessante. Através do nosso exemplo, das palavras que dizemos e dos atos que executamos, fabricamos a alma dos nossos filhos de modo constante.

A Pedagogia é algo completamente diferente. Ela consiste não em ação, mas sim em teorias. Estas teorias explicitam as maneiras de conceber a educação, e não de praticá-la. Elas se distinguem às vezes das práticas vigentes a ponto de se oporem a elas. As pedagogias de Rabelais, de Rousseau ou de Pestalozzi se encontram em oposição com a educação de suas épocas. Portanto, a educação constitui apenas a modalidade prática da

Pedagogia, que, por sua vez, consiste em uma certa maneira de refletir sobre as questões relativas à educação.

É o que faz com que a Pedagogia, pelo menos no passado, seja intermitente, ao passo que a educação é contínua. Existem povos que não tiveram uma Pedagogia propriamente dita; aliás, esta última surge apenas em uma época relativamente adiantada da história. Ela é encontrada na Grécia somente depois da época de Péricles, com Platão, Xenofonte e Aristóteles. Ela quase não existiu em Roma. Nas sociedades cristãs, ela só produziu obras importantes no século XVI, e o progresso que ela então seguiu se desacelerou no século seguinte, só retomando o seu vigor ao longo do XVIII. Isto ocorreu porque o homem não reflete o tempo inteiro, mas somente quando é necessário, e porque as condições da reflexão não estão dadas em todo lugar e momento.

Sendo assim, é preciso que busquemos saber quais são as características da reflexão pedagógica e os seus efeitos. Será que se deve considerá-la como um conjunto de doutrinas propriamente científicas e dizer que a Pedagogia é uma ciência, a ciência da educação? Ou será que convém dar-lhe um outro nome? Neste caso, que nome? A natureza do método pedagógico será compreendida de modo bastante diferente conforme a resposta dada a esta pergunta.

I

Primeiro, é fácil demonstrar que as coisas da educação, consideradas de um certo ponto de vista, possam ser o objeto de uma disciplina que apresenta todas as características das outras disciplinas científicas.

De fato, para que possamos chamar de ciência um conjunto de estudos, é preciso e basta que elas possuam as seguintes características:

1º) Elas devem abordar fatos concluídos, realizados e prontos para a observação. Afinal, uma ciência se define pelo seu objeto de estudo e, consequentemente, supõe que este objeto exista, possa ser apontado com precisão e localizado dentro do conjunto da realidade.

2º) Estes fatos devem apresentar uma homogeneidade suficiente entre si para poderem ser classificados em uma mesma categoria. Se eles fossem irredutíveis uns aos outros, haveria não uma ciência, mas sim tantas ciências quanto espécies distintas de objetos de estudo. Muitas vezes acontece de as ciências nascentes envolverem de modo bastante confuso uma pluralidade de objetos diferentes. Foi o caso, por exemplo, da Geografia, da Antropologia, etc. Mas esta sempre é apenas uma fase transitória do desenvolvimento das ciências.

3º) Por fim, a ciência estuda estes fatos para conhecê-los, e somente para isto, de maneira absolutamente desinteressada. Empregamos de propósito aqui a palavra *conhecer*, que é meio geral e vaga, sem deixar claro em que pode consistir o conhecimento dito científico. De fato, pouco importa se o sábio prefere constituir tipos em vez de descobrir leis, contentar-se em descrever ou tentar explicar. A ciência começa a partir do momento em que o saber, seja ele qual for, é buscado por si só. Sem dúvida, o sábio está perfeitamente ciente da probabilidade de as suas descobertas serem utilizadas mais tarde. Pode até acontecer de ele privilegiar tal ou tal ponto de suas pesquisas ao pressentir que assim elas serão mais proveitosas e permitirão satisfazer necessidades urgentes. Porém, enquanto estiver mergulhado na investigação científica, ele ficará indiferente com relação às consequências práticas. Ele diz o que é, constata o que as coisas são e se contenta com isto. Ele não se preocupa em saber se as verdades que descobre agradarão ou desconcertarão os outros, se seria melhor que as relações que ele estabelece permanecessem o que são ou fossem diferentes. O seu papel consiste em exprimir o real, e não em julgá-lo.

Sendo assim, não há motivo para que a educação não se torne o objeto de um estudo que satisfaça todas estas condições e, por conseguinte, apresente todas as características de uma ciência.

De fato, a educação vigente em determinada sociedade e considerada em determinado momento de sua evolução é um conjunto de práticas, maneiras de agir e costumes que constituem fatos perfeitamente definidos e tão reais quanto os outros fatos sociais. Estas práticas não são, como se acreditou durante muito tempo, combinações mais ou menos arbitrárias e artificiais cuja existência decorre apenas da temperamental influência de desejos geralmente fortuitos. Elas são, ao contrário, verdadeiras instituições sociais. Não existe homem que possa fazer com que uma sociedade tenha, em determinado momento, um sistema de educação diferente daquele que está contido em sua estrutura, bem como é impossível que um organismo vivo tenha órgãos e funções diferentes daqueles que estão encerrados em sua constituição. Se forem necessárias outras razões além das que já foram dadas para fundamentar esta concepção, basta tomar consciência da força imperativa com a qual estas práticas se impõem a nós. Não adianta acreditar que podemos educar os nossos filhos como quisermos. Somos forçados a seguir as regras reinantes no meio social em que vivemos. A opinião nos impõe este comportamento, e a opinião é uma força moral cujo poder opressivo não é menor do que o da força física. Sua autoridade impregna usos que, por isto mesmo, são em larga medida excluídos da ação dos indivíduos. Podemos até infringir as forças morais, mas elas acabarão reagindo contra nós. E, por causa da superioridade delas, dificilmente sairemos vencedores. Logo, podemos até nos revoltar contra as forças materiais das quais dependemos e tentar viver de modo diferente daquele determinado pela natureza do nosso meio físico, mas então a morte ou a doença acabam sendo a sanção da nossa revolta. Da mesma forma, estamos mergulhados em uma atmosfera de ideias e sentimentos coletivos que nós não podemos modificar à vontade. E é em ideias e sentimentos deste gênero que as práticas educativas se baseiam. Portanto, elas são coisas distintas de nós, já que resistem à nossa vontade, realidades que têm uma natureza própria, definida e completa que se impõe a nós. Por conseguinte, pode ser bom observá-la, buscar conhecê-la somente para conhecê-la. Além disso, as práticas educativas, sejam elas quais forem e tendo as diferenças que tiverem, têm em comum um aspecto essencial: todas elas resultam da ação exercida por uma geração sobre a geração seguinte no intuito de adaptar a mesma ao meio social no qual está destinada a viver. Portanto, todas elas são modalidades diversas desta relação fundamental. Consequentemente, elas constituem fatos de uma mesma espécie, pertencendo a uma mesma categoria lógica. Elas podem então servir de objeto a uma única e mesma ciência: a ciência da educação.

Vamos apontar desde já, apenas para tornar as ideias mais claras, alguns dos principais problemas dos quais esta ciência deve tratar.

As práticas educativas não são fatos isolados uns dos outros. Porém, para uma mesma sociedade, elas estão ligadas em um mesmo sistema do qual todas as partes contribuem para uma mesma finalidade: é o sistema de educação próprio daquele país e daquela época. Cada povo tem o seu, assim como tem o seu sistema moral, religioso, econômico, etc. Mas, por outro lado, povos da mesma espécie, ou seja, povos que se parecem em função de aspectos essenciais de sua constituição, devem praticar sistemas de educação comparáveis entre si. As semelhanças que a sua organização geral apresenta devem necessariamente acarretar outras, igualmente importantes, em sua organização educativa. Por conseguinte, comparando, identificando os paralelismos e eliminando as diferenças, decerto se pode constituir os tipos genéricos de educação que correspondem às diferentes espécies de sociedade. Por exemplo, no regime de tribo, a característica principal da educação é ser difusa, dada sem distinção por todos os membros do clã. Não há professores designados e nem supervisores especiais encarregados de formar os jovens. São todos os anciãos, é o conjunto das gerações anteriores que desempenha este papel. No máximo acontece de certos anciãos serem designados em especial para ministrar certos ensinos fundamentais. Em outras sociedades, mais avançadas, esta difusão acaba ou, pelo menos, atenua-se. A educação se concentra nas mãos de funcionários especiais. Na Índia e no Egito, são os sacerdotes que são responsáveis por esta função. A educação é um atributo do poder sacerdotal. Ora, esta primeira característica diferencial provoca outras. Quando, em vez de permanecer completamente difusa assim como em suas origens, a vida religiosa cria para si mesma um órgão especial encarregado de dirigi-la e administrá-la, ou seja, quando se forma uma classe ou casta sacerdotal, o que a religião tem de propriamente reflexivo e intelectual alcança um desenvolvimento até então desconhecido. Foi nos meios sacerdotais que apareceram os primeiros pródromos, as formas primárias e rudimentares da ciência: Astronomia, Matemática, Cosmologia. É um fato que Comte observara havia muito tempo e que é facilmente explicável. É bastante natural que uma organização cujo efeito é concentrar em um grupo restrito toda a vida meditativa que então existe estimule e desenvolva esta última. Logo, a educação não mais se limita, como no princípio, a inculcar práticas na criança e condicioná-la a certas maneiras de agir. Cria-se então conteúdo suficiente para uma certa instrução. O sacerdote ensina os elementos destas ciências que se estão formando. Só que esta instrução e estes conhecimentos especulativos não são ensinados por ensinar, mas sim por causa das relações que eles entretêm com as crenças religiosas. Eles oferecem um caráter sagrado e são plenos de elementos propriamente religiosos porque se formaram no próprio seio da religião, sendo assim inseparáveis da mesma. – Em outros lugares, como, por exemplo, nas pólis gregas e latinas, a educação fica dividida numa proporção, variável conforme as pólis, entre o Estado e a família. Nada de casta sacerdotal. É o Estado que substitui a vida religiosa. Logo, visto que ele não privilegia a meditação, mas sim a ação e a prática, é fora dele e, consequentemente, fora da religião que a ciência nasce quando surge a necessidade. Os filósofos e sábios da Grécia são sujeitos laicos. A própria ciência adquire então rapidamente uma tendência antirreligiosa. Do ponto de vista que nos interessa, o resultado é que a instrução também adquire um caráter laico e privado assim que surge. O *grammateus* de Atenas era um simples cidadão, sem ligações oficiais ou caráter religioso.

É inútil continuar com os exemplos, cujo interesse é apenas ilustrativo. Bastam os citados acima para mostrar como, ao comparar sociedades da mesma espécie, poderíamos constituir tipos de educação, assim como constituímos tipos de família, Estado ou religião. Aliás, esta classificação não resolveria todos os problemas científicos que podem se impor a respeito da educação; ela só fornece os elementos necessários para resolver um outro problema mais importante. Uma vez os tipos estabelecidos, seria preciso explicá-los, ou seja, buscar as condições das quais dependem as propriedades características de cada um deles e como uns deram origem aos outros. Seriam obtidas assim as leis que dominam a evolução dos sistemas de educação. Poderíamos então perceber em que direção a educação se desenvolveu, quais são as causas que determinaram este desenvolvimento e que o explicam, questão certamente bastante teórica, mas cuja solução, visivelmente, teria muitas aplicações práticas.

Eis desde já um vasto campo de estudos aberto à pesquisa científica. E, no entanto, ainda existem outros problemas que poderiam ser abordados com o mesmo espírito. Tudo o que acabamos de ver diz respeito ao passado; tais pesquisas nos ajudariam a entender de que maneira as nossas instituições pedagógicas se constituíram. Mas elas podem ser consideradas de um outro ponto de vista. Uma vez formadas, elas realmente funcionam, e poderíamos estudar de que maneira elas funcionam, ou seja, que resultados elas produzem e que condições fazem estes resultados variarem. Para isto, seria preciso uma boa estatística escolar. Em toda escola há uma disciplina e um sistema de punições e recompensas. O quão interessante seria saber, não somente a partir de impressões empíricas, mas também de observações metódicas, de que modo este sistema funciona nas diferentes escolas de uma mesma localidade, nas diferentes regiões, nos diferentes momentos do ano, nos diferentes momentos do dia; quais são os delitos escolares mais frequentes; como sua proporção varia no conjunto do território ou conforme os países; como ela depende da idade da criança, da sua situação familiar, etc.! Todas as questões que se colocam com relação aos delitos do adulto podem ser colocadas aqui de forma igualmente útil. Assim como existe uma criminologia do homem feito, existe uma da criança. E a disciplina não é a única instituição educativa que poderia ser estudada seguindo este método. Não há método pedagógico cujos efeitos não possam ser medidos da mesma maneira, supondo evidentemente que tenha sido instaurado o instrumento necessário para tal estudo: uma boa estatística.

II

Vimos, portanto, dois grupos de problemas cujo caráter puramente científico não pode ser contestado. Uns são relativos à gênese, e os outros, ao funcionamento dos sistemas de educação. Em todos os estudos, trata-se simplesmente de descrever coisas presentes ou passadas ou então de buscar as causas ou efeitos das mesmas. Elas constituem uma ciência: isto é o que é, ou melhor, o que seria a Ciência da Educação.

Porém, o próprio esboço que acabamos de traçar demonstra claramente que as teorias consideradas como pedagógicas consistem em reflexões muito diferentes. De fato, elas nem buscam o mesmo objetivo e nem empregam os mesmos métodos. O seu objetivo não é descrever ou explicar o que existe ou o que existiu, mas sim determinar o que deve existir, como deve ser. Elas não se orientam nem para o presente e nem para o passado, mas sim para o futuro, não se propõem exprimir fielmente realidades já dadas, mas sim decretar preceitos de conduta. Elas não dizem: eis o que existe e o porquê disto, mas sim eis o que deve ser feito. E tem mais: geralmente, quando os teóricos da educação falam das práticas tradicionais do presente e do passado, é com um desprezo quase que sistemático. Eles apontam sobretudo as imperfeições das mesmas. Quase todos os grandes pedagogos, como Rabelais, Montaigne, Rousseau e Pestalozzi, são espíritos revolucionários e revoltados contra os usos dos seus contemporâneos. Eles só mencionam os sistemas antigos ou vigentes para condená-los e declarar que são infundados, fazendo mais ou menos tábula rasa destes sistemas e construindo algo inteiramente novo no lugar dos mesmos.

Portanto, para entender bem e encontrar um equilíbrio, é preciso distinguir cuidadosamente dois tipos de reflexões bastante diferentes. A Pedagogia é algo distinto da Ciência da Educação. Mas então o que ela é? Para fazer uma escolha bem fundada não basta saber aquilo que ela não é, mas é preciso apontar em que ela consiste.

Podemos dizer que é uma arte? Parece que sim, pois normalmente não se vê intermediário entre estes dois extremos, e atribui-se o termo "arte" a todo produto de uma reflexão que não é ciência. Porém, isto significa estender o sentido da palavra "arte" a ponto de incluir nele coisas muito diferentes.

De fato, também chamamos de arte a experiência prática adquirida pelo professor em contato com crianças e no exercício da sua profissão. Ora, esta experiência é manifestamente algo muito diferente das teorias do pedagogo. Um fato de observação corrente faz com que esta diferença seja bem perceptível. Pode-se, ao mesmo tempo, ser um professor perfeito, mas completamente incapaz de proceder às reflexões da Pedagogia. O mestre hábil sabe fazer o que é preciso fazer, mas nem sempre consegue dizer as razões que justificam os procedimentos que emprega. O pedagogo, por sua vez, pode carecer de qualquer habilidade prática; nós não daríamos uma turma nas mãos de Rousseau e nem de Montaigne. E mesmo de Pestalozzi, que era um homem do *métier*, mas que devia possuir de modo apenas incompleto a arte do educador, como provam os seus repetidos fracassos. A mesma confusão é feita em outras esferas. Chama-se de arte o *savoir-faire* do homem de Estado, expert na administração pública. Porém, também se diz que os escritos de Platão, Aristóteles e Rousseau são tratados em arte política; e é óbvio que não se pode considerá-los como obras realmente científicas, visto que elas não têm por objetivo estudar o real, mas sim construir um ideal. E, contudo, há um abismo entre o pensamento que deu origem a um livro como *Do contrato social* e aquele que edifica a administração do Estado: Rousseau provavelmente teria sido péssimo tanto como ministro quanto como educador. Também é por isto que os melhores teóricos da Medicina não são os melhores médicos, longe disto.

Portanto, é melhor não designar com a mesma palavra duas formas de atividade tão diferentes. Acreditamos que é preciso reservar o termo "arte" para tudo aquilo que é prática pura sem teoria. Todo mundo entende este termo quando ele se refere à arte do soldado, à do advogado e à do professor. Uma arte é um sistema de maneiras de agir adequadas a fins especiais e resultantes ou de uma experiência tradicional transmitida pela educação ou da experiência pessoal do indivíduo. Só se pode adquiri-las mexendo com as coisas sobre as quais a ação deve ser exercida e agindo por si mesmo. Sem dúvida, pode acontecer de a arte ser guiada pela reflexão, mas a reflexão não é um elemento essencial da arte, visto que ela pode existir sem esta última. E mais: não existe nenhuma arte em que tudo seja refletido.

Porém, entre a arte assim definida e a ciência propriamente dita, há lugar para uma atitude mental intermediária. Em vez de agir sobre as coisas ou os seres seguindo determinados modos, pode-se refletir sobre os processos de ação assim empregados, não no intuito de conhecê-los e explicá-los, mas sim de estimar o valor deles, descobrir se eles são o que devem ser, se não seria útil modificá-los e de que maneira, inclusive substituí-los totalmente por novos processos. Estas reflexões tomam forma de teorias; são combinações de ideias, e não de atos, aproximando-se assim da ciência. Contudo, as ideias combinadas deste modo não têm por objetivo expressar a natureza das coisas já dadas, mas sim dirigir a ação. Elas não consistem em movimentos, mas estão bem próximas do movimento que devem orientar. Embora não sejam ações, elas são pelo menos programas de ação e, por isto, aproximam-se da arte. Alguns exemplos são as teorias médicas, políticas, estratégicas, etc. Para exprimir o caráter misto destes tipos de reflexão, vamos chamá-las de teorias práticas. A Pedagogia é uma teoria prática deste gênero. Ela não estuda cientificamente os sistemas de educação, mas reflete sobre eles no intuito de fornecer à atividade do educador ideias que o dirigem.

III

Porém, a Pedagogia vista desta forma está sujeita a uma objeção cuja gravidade não pode ser omitida. Sem dúvida, vão dizer, uma teoria prática é possível e legítima quando ela pode se apoiar em uma ciência constituída e incontestável da qual ela constitui apenas a aplicação. Neste caso, de fato, as noções teóricas das quais se deduzem as consequências práticas possuem um valor científico que impregna as conclusões oriundas delas. É assim que a Química Aplicada é uma teoria prática que não passa da implementação das teorias da Química pura. Mas o valor de uma teoria prática depende do das ciências cujas noções fundamentais ela toma emprestado. Ora, em que ciências a Pedagogia pode se apoiar? Primeiro na Ciência da Educação, pois, para saber o que a educação deve ser, antes de tudo seria preciso saber qual é a natureza dela, as diversas condições das quais ela depende e as leis que guiaram a sua evolução através da história. Contudo, a Ciência da Educação existe somente em estado embrionário. Restam, de um lado, os outros ramos da Sociologia, que poderiam ajudar a Pedagogia a fixar o objetivo da educação com a orientação geral dos métodos, e, de outro, a Psicologia, cujas lições poderiam ser bastante úteis para a determinação detalhada dos procedimentos pedagógicos. Mas a Sociologia é uma ciência ainda emergente, dispondo somente de poucas proposições estabelecidas, se é que dispõe realmente. A própria Psicologia, embora se tenha constituído mais cedo do que as ciências sociais, provoca todo tipo de controvérsias: não há questões psicológicas em torno das quais ainda não se defendam as teses mais opostas possíveis. Sendo assim, qual o valor de conclusões práticas com base em dados científicos ao mesmo tempo tão incertos e incompletos? Qual o valor de uma reflexão pedagógica que carece de qualquer base ou cujas bases, quando não estão totalmente ausentes, carecem tanto de solidez?

O fato que invocamos assim para negar qualquer autoridade à Pedagogia é, em si mesmo, incontestável. É óbvio que a Ciência da Educação resta a ser feita por inteiro e que a Sociologia, bem como a Psicologia, ainda estão bem pouco adiantadas. Portanto, se nos fosse permitido esperar, seria prudente e metódico ter paciência até que as ciências tivessem feito progressos e pudessem ser utilizadas com mais segurança. O problema é que, justamente, a paciência não nos é permitida. Não temos a liberdade de nos colocar ou de adiar a questão: ela nos é colocada, ou melhor, imposta pelas próprias coisas, pelos fatos, pela necessidade de viver. E tem mais: somos levados pela correnteza, e é preciso seguir em frente. Em muitos aspectos, o nosso sistema tradicional de educação não se encontra em harmonia com as nossas ideias e necessidades. Portanto, as únicas escolhas que nos restam são as seguintes: tentar manter as práticas legadas pelo passado, embora elas não satisfaçam mais as exigências da situação, ou então tentar destemidamente restabelecer a harmonia perdida realizando as modificações necessárias. Destas duas escolhas, a primeira é irrealizável. Nada é mais ilusório do que estas tentativas de dar uma vida artificial e uma aparente autoridade a instituições envelhecidas e desacreditadas. O fracasso é inevitável: não se pode abafar as ideias que estas instituições contradizem e nem calar as necessidades que elas deixam insatisfeitas. As forças contra as quais se tenta assim lutar nunca saem perdendo.

Só nos resta, portanto, ter coragem para começar a trabalhar, buscar as mudanças que se impõem e realizá-las. Mas como descobri-las a não ser através da reflexão? Somente a consciência reflexiva pode preencher as lacunas de uma tradição obsoleta. Ora, o que é a Pedagogia senão a reflexão aplicada da maneira mais metódica possível às coisas relativas à educação no intuito de regular o seu desenvolvimento? Sem dúvida, não temos em mãos todos os elementos que desejamos para resolver o problema, mas isto não é motivo para não buscar resolvê-lo, já que ele deve ser resolvido. Portanto, não temos mais nada a fazer senão agir da melhor forma possível, juntando o máximo de fatos instrutivos e interpretando-os com o máximo de método para reduzir ao mínimo as chances de erro. Este é o papel do pedagogo. Nada é mais vão e estéril do que aquele puritanismo científico que, sob o pretexto de que a ciência ainda não está pronta, recomenda a abstenção e aconselha os homens a assistirem indiferentes, ou pelo menos resignados, à marcha dos acontecimentos. Ao lado do sofisma de ignorância está o sofisma de ciência, não menos perigoso. Sem dúvida, agindo nestas condições, corre-se riscos. Mas a ação nunca se dá sem riscos; por mais avançada que seja, a ciência não pode eliminá-los. Tudo o que podemos fazer é empregar toda a nossa ciência, por mais imperfeita que ela seja, e toda a nossa consciência para prevenir estes riscos na medida das nossas capacidades. E é justamente este o papel da Pedagogia.

Contudo, a Pedagogia não é útil somente em períodos críticos nos quais é preciso, com urgência, restabelecer a harmonia entre um sistema escolar e as necessidades da época; hoje em dia, pelo menos, ela se tornou uma auxiliar constante e indispensável da educação.

Isto porque, embora a arte do educador seja feita sobretudo de instintos e hábitos que se tornaram quase instintivos, a inteligência continua sendo necessária. A reflexão não poderia substituí-la, mas o professor não conseguiria dispensar a reflexão, pelo menos a partir do momento em que os povos tenham atingido um certo grau de civilização. De fato, tendo em vista que a personalidade individual se tornou um elemento essencial da cultura intelectual e moral da humanidade, o educador deve levar em conta o germe de individualidade que existe em toda criança. Ele deve, por todos os meios possíveis, buscar favorecer o desenvolvimento dele. Em vez de aplicar a todos, invariavelmente, o mesmo regulamento impessoal e uniforme, ele deveria, ao contrário, variar e diversificar os métodos de acordo com os temperamentos e a disposição de cada inteligência. Todavia, para poder acomodar com discernimento as práticas educativas à variedade de casos particulares, é preciso saber quais são as suas tendências, as razões dos diferentes processos que as compõem e os efeitos que elas produzem em diferentes circunstâncias; em suma, é preciso submetê-las à reflexão pedagógica. Uma educação empírica e mecânica não pode não ser opressiva e niveladora. Além disso, à medida que avançamos na história, a evolução social se acelera: uma época não se assemelha mais à anterior, cada uma tendo a sua própria fisionomia. Novas necessidades e ideias surgem sem parar; para poder acompanhar as mudanças incessantes que atingem as opiniões e costumes, a própria educação deve mudar e, consequentemente, apresentar uma constante maleabilidade, permitindo assim a mudança. Ora, o único meio de impedi-la de sucumbir ao jugo do hábito e degenerar em automatismo mecânico e imutável é mantendo-a eternamente vivaz através da reflexão. Quando ele analisa o objetivo e a razão de ser dos métodos que emprega, o educador está apto a julgá-los e, logo, disposto a modificá-los se achar que o objetivo não é mais o mesmo ou que os meios devem ser diferentes. A reflexão é, por excelência, a força antagônica da rotina, e a rotina é o obstáculo aos progressos necessários.

É por isto que, como dissemos no começo, embora seja verdade que a Pedagogia só surge na história de modo intermitente, ela tende cada vez mais a se tornar uma função contínua da vida social. A Idade Média não tinha necessidade dela, era uma época de conformismo, na qual todos pensavam e sentiam da mesma forma, todas as mentes eram como que tiradas do mesmo molde, as dissidências individuais eram raras e inclusive proibidas. Por isto, a Educação era impessoal: nas escolas medievais, o professor se dirigia coletivamente a todos os alunos, sem imaginar que pudesse adaptar a sua ação à natureza de cada um. Ao mesmo tempo, a imutabilidade das crenças fundamentais impedia o sistema educativo de evoluir rapidamente. Por estas duas razões, o professor tinha menos necessidade de se guiar pelo pensamento pedagógico. Tudo muda, porém, no Renascimento: as personalidades individuais se destacam da massa social em que se mantinham até então absorvidas e misturadas, as mentes se diversificam, o desenvolvimento histórico se acelera simultaneamente, e uma nova civilização se constitui. Para acompanhar todas estas mudanças, a reflexão pedagógica irrompe e, embora nem sempre brilhe com a mesma intensidade, nunca mais se apaga completamente.

IV

Porém, para que ela possa produzir os efeitos úteis que temos o direito de esperar dela, a reflexão pedagógica deve se submeter a uma cultura apropriada.

1º) Já vimos que a Pedagogia não é e não poderia substituir a educação. Seu papel não consiste em fazer as vezes da prática, mas sim guiá-la, esclarecê-la, ajudá-la, quando necessário, a preencher as lacunas que sobrevierem e remediar as deficiências constatadas. Portanto, o pedagogo não tem de construir de alto a baixo um sistema de ensino, como se já não existisse um antes dele, devendo, ao contrário, empenhar-se sobretudo em conhecer e compreender o sistema de sua época – esta é a condição para que ele esteja apto a usá-lo com discernimento e julgar o que pode estar errado nele.

No entanto, para compreendê-lo, não basta considerá-lo tal como ele se apresenta hoje em dia, pois este sistema de educação é um produto histórico que somente a história pode explicar. Trata-se de uma verdadeira instituição social. Aliás, não existem muitos sistemas de educação em que toda a história do país repercuta de modo tão completo. As escolas francesas traduzem e exprimem o espírito francês. Portanto, não entenderemos nada sobre a essência delas e o objetivo que buscam se não soubermos o que compõe o nosso espírito nacional, quais são os seus diversos elementos, tanto os que dependem de causas permanentes e profundas quanto os que, ao contrário, são devidos à ação de fatores mais ou menos acidentais e passageiros: todas as questões que somente a análise histórica pode esclarecer. Frequentemente se discute sobre o lugar que cabe à Escola Primária no conjunto da nossa organização escolar e na vida da sociedade em geral. Mas o problema será insolúvel se ignorarmos como a nossa organização escolar se formou, de onde vêm as suas características marcantes, o que determinou, no passado, o lugar que o Ensino Básico ocupa hoje, as causas que favoreceram ou entravaram o desenvolvimento, etc.

Assim, a história do ensino, pelo menos do ensino nacional, é a primeira das propedêuticas de uma cultura pedagógica. Naturalmente, se se tratar de Pedagogia Primária, é o estudo da história do Ensino Primário que deveremos privilegiar. Porém, pela razão que acabamos de apontar, ele não pode ser completamente separado do sistema escolar como um todo, do qual ele não passa de uma parte.

2º) No entanto, este sistema escolar não é composto unicamente de práticas estabelecidas e métodos consagrados pelo uso, herança do passado. Nele se encontram, além disso, tendências para o futuro e aspirações de um novo ideal, entrevisto de forma mais ou menos clara. É importante conhecer bem estas aspirações para poder estimar que lugar convém lhes atribuir dentro da realidade escolar. Ora, elas vêm manifestar-se nas doutrinas pedagógicas – a história destas doutrinas deve, portanto, completar a do ensino.

Pode-se pensar, é claro, que, para cumprir a sua útil missão, esta história não precise ir muito longe no passado, podendo, sem inconveniente, ser bastante curta. Não bastaria saber as teorias em torno das quais as mentes contemporâneas estão divididas? Todas as outras, dos séculos anteriores, estão hoje obsoletas e parecem ter proveito apenas para os eruditos.

Porém, acreditamos que este modernismo enfraqueça uma das principais fontes nas quais a reflexão pedagógica se alimenta.

De fato, as doutrinas mais recentes não nasceram ontem; elas são a continuação das anteriores, sem as quais elas consequentemente não podem ser compreendidas. Assim, para descobrir as causas determinantes de uma corrente pedagógica com alguma importância, em geral é preciso, uma a uma, voltar bastante no tempo. Aliás, isto é indispensável para ter certeza de que as novas visões que fascinam as mentes hoje não são brilhantes improvisações, fadadas a cair em breve no esquecimento. Por exemplo, para compreender a atual tendência a ensinar através das coisas, o que se pode chamar de realismo pedagógico, não devemos nos contentar em ver como tal ou tal professor contemporâneo a segue, mas sim voltar até o momento em que ela surge, ou seja, no meio do século XVIII na França e por volta do fim do XVII em certos países protestantes. Só o fato de ela ficar assim associada às suas primeiras origens fará com que a pedagogia realista se apresente sob um outro aspecto: perceberemos melhor o quanto ela se deve a causas profundas, impessoais e influentes em todos os países europeus e, ao mesmo tempo, teremos melhores chances de observar quais são estas causas e, logo, de medir a verdadeira repercussão deste movimento. Mas, além disso, esta corrente pedagógica se constituiu em oposição a uma corrente contrária: a do ensino humanista e livresco. Portanto, só poderemos analisar a primeira com sabedoria se também conhecermos a segunda. Somos então obrigados a voltar bem mais no tempo. Para que ela dê todos os seus frutos, esta história da Pedagogia não deve, aliás, ser separada da história do ensino. Embora as tenhamos distinguido aqui, na verdade elas são complementares, pois, em cada época, as doutrinas dependem do estado do ensino, o qual elas refletem ao mesmo tempo em que reagem contra ele. Além disso, na medida em que exercem uma ação eficaz, elas contribuem para determiná-lo.

Portanto, a cultura pedagógica deve ter uma base extremamente histórica. Só assim a Pedagogia poderá evitar uma acusação que com frequência é levantada contra ela e que já prejudicou bastante a sua autoridade. Muitos pedagogos, e dentre eles os mais ilustres, quiseram edificar os seus sistemas fazendo abstração do que havia existido antes deles. Neste ponto, o tratamento ao qual Ponocrates submete Gargântua[6], antes de iniciá-lo aos novos métodos, é significativo: ele faz uma lavagem cerebral "com heléboro de Anticira" de modo a fazê-lo esquecer "tudo o que ele havia aprendido com os seus antigos preceptores". Isto significava dizer, de forma alegórica, que a nova pedagogia não deveria ter nada em comum com a anterior. Mas, ao mesmo tempo, isto equivalia a se distanciar das condições da realidade. O futuro não pode ser imaginado a partir do nada: só podemos construí-lo com os materiais que o passado nos legou. Um ideal construído na direção oposta do estado das coisas existentes não é realizável, já que não possui raízes na realidade. Aliás, é claro que o passado tinha suas razões de ser do jeito que foi: ele não poderia ter durado se não tivesse satisfeito necessidades legítimas que não poderiam desaparecer da noite para o dia. Portanto, não se pode ser tão radical e fazer tábula rasa, a não ser que ignoremos necessidades vitais. Foi assim que muitas vezes a Pedagogia não passou de uma forma de literatura utópica. Teríamos pena de crianças nas quais o método de Rousseau ou de Pestalozzi fosse aplicado com rigor. Sem dúvida, estas utopias desempenharam um papel útil na história. O próprio simplismo delas lhes permitiu atingir as mentes com mais intensidade e estimulá-las a agir. Porém, primeiro, estas vantagens não deixam de ter inconvenientes. E, segundo, para aquela pedagogia do dia a dia, da qual todo professor precisa para entender e guiar a sua prática cotidiana, é

---

6. Trata-se de um romance de François Rabelais, escrito em 1534 [N.T.].

preciso menos treinamento fanático e unilateral e, ao contrário, mais método, um sentimento mais presente da realidade e das múltiplas dificuldades que se deve enfrentar. É este sentimento que levará a uma cultura histórica bem compreendida.

3º) Só a história do ensino e da Pedagogia permite determinar as metas que a educação deve buscar a todo momento. No entanto, é na Psicologia que cabe procurar os meios necessários à realização destas metas.

De fato, o ideal pedagógico de uma época expressa antes de tudo o estado da sociedade na época considerada. Contudo, para que este ideal se torne realidade, é preciso ainda fazer com que a consciência da criança se conforme a ele. Ora, a consciência tem as suas próprias leis, as quais é preciso conhecer antes de modificar, se quisermos evitar, tanto quanto possível, as tentativas empíricas que a Pedagogia busca justamente reduzir ao mínimo. Para poder estimular o desenvolvimento da atividade em uma certa direção é preciso saber quais são os mecanismos que a movem e a natureza deles. Só assim será possível aplicar aí, com conhecimento de causa, a ação adequada. Será que se trata, por exemplo, de despertar o amor da pátria ou o sentimento de humanidade? Saberemos orientar melhor a sensibilidade moral dos alunos neste ou naquele sentido quando tivermos noções mais completas e precisas sobre o conjunto dos fenômenos que chamamos de tendências, hábitos, desejos, emoções, etc., sobre as diversas condições que os regem e sobre a forma sob a qual eles se manifestam na criança. Conforme virmos as tendências como produtos das experiências agradáveis ou não que a espécie viveu ou, ao contrário, como um fato primitivo anterior aos estados afetivos que acompanham o seu mecanismo, deveremos agir de modos bastante diferentes para regular o seu funcionamento. Ora, é à Psicologia e, em especial, à Psicologia Infantil que cabe resolver estas questões. Portanto, embora ela seja incompetente para fixar o objetivo – já que o mesmo varia dependendo dos estados sociais –, ela certamente tem um papel útil a desempenhar na constituição dos métodos. E mais: como nenhum método pode ser aplicado da mesma maneira nas diferentes crianças, é mais uma vez a Psicologia que deve nos ajudar a nos situar em meio à diversidade das inteligências e carateres. Infelizmente, sabemos que ainda estamos longe do momento em que ela realmente estará apta a satisfazer este *desideratum*.

Um ramo específico da Psicologia tem uma importância capital para o pedagogo: a Psicologia Coletiva. De fato, uma turma é uma pequena sociedade. Por isto, não se deve conduzi-la como se ela fosse apenas uma simples aglomeração de sujeitos independentes uns dos outros. Crianças reunidas em uma turma pensam, sentem e agem de modo diferente de quando estão isoladas. Em uma turma, produzem-se fenômenos de contágio, desmotivação coletiva, agitação mútua e efervescência saudável que é preciso saber discernir no intuito de prevenir ou combater uns e utilizar os outros. Sem dúvida, esta ciência ainda é uma criança. No entanto, existe desde já um certo número de teses que não se deve ignorar.

Estas são as principais disciplinas que podem despertar e alimentar a reflexão pedagógica. Em vez de buscar decretar um código abstrato de regras metodológicas para a Pedagogia – iniciativa que, a partir de uma investigação tão composta e complexa, não é plenamente realizável –, achamos melhor indicar de que maneira, em nossa opinião, o pedagogo deve ser formado. Uma certa atitude mental face aos problemas que cabe a ele resolver se mostra, por isto mesmo, determinada.

3
PEDAGOGIA E SOCIOLOGIA

Senhores,

Para mim é uma grande honra (cujo valor eu sinto intensamente) ter de substituir nesta cadeira o homem de grande bom-senso e firme vontade ao qual a França deve, em larguíssima parte, a renovação do seu Ensino Primário. Tendo estado em contato íntimo com os professores das nossas escolas desde que comecei a ensinar a Pedagogia na Universidade de Bordeaux, há quinze anos, pude ver de perto a obra à qual o nome do Sr. Buisson ficará definitivamente associada. Por conseguinte, reconheço toda a sua grandeza, sobretudo quando me lembro do estado no qual se encontrava este Ensino no momento em que a reforma foi empreendida – é impossível não admirar a importância dos resultados obtidos e a rapidez dos progressos realizados. Multiplicação e transformação material de escolas, substituição das velhas rotinas de antigamente por métodos racionais, um verdadeiro impulso na reflexão pedagógica e um estímulo geral de todas as iniciativas: tudo isto certamente constitui uma das maiores e mais bem-sucedidas revoluções que ocorreram na história da nossa Educação nacional. Portanto, para a ciência foi uma verdadeira sorte quando, ao considerar a sua tarefa como concluída, o Sr. Buisson renunciou às suas exaustivas funções para compartilhar, através do ensino, os resultados de sua incomparável experiência. Uma extensa prática, guiada por uma vasta filosofia, ao mesmo tempo prudente e curiosa a respeito de todas as novidades, devia necessariamente dar à sua palavra uma autoridade – autoridade esta realçada, além disso, pelo prestígio moral da sua pessoa e pelo reconhecimento dos serviços prestados a todas as grandes causas às quais o Sr. Buisson dedicou a sua vida.

Eu não possuo nada que se pareça com uma competência tão específica. Por isto, eu teria razão de me sentir particularmente assustado diante das dificuldades da minha tarefa se não me acalmasse com a ideia de que problemas tão complexos podem ser estudados de forma útil por mentes e pontos de vista diversos. Sociólogo, é sobretudo enquanto sociólogo que falarei a vocês sobre educação. Aliás, não acredito me expor a ver e mostrar as coisas por uma perspectiva deformadora ao proceder assim, pois tenho certeza de que, ao contrário, não existe método mais apto a ressaltar a verdadeira natureza das coisas. De fato, na minha opinião, o postulado de toda investigação pedagógica é a tese de que a educação é uma coisa eminentemente social, tanto por suas origens quanto por suas funções e que, logo, a Pedagogia depende mais da Sociologia do que de qualquer outra ciência. E, tendo em vista que esta ideia dominará todo o meu ensino, assim como ela já dominava o ensino semelhante que eu ministrava antes em uma outra universidade, pareceu-me ser conveniente usar esta primeira aula para identificá-la e torná-la mais precisa para que vocês possam seguir melhor as aplicações ulteriores. Não que seja possível fazer uma demonstração expressa durante uma única aula. Um princípio tão geral e cujas repercussões são tão extensas só pode ser analisado progressivamente, à medida que entramos nos detalhes dos fatos e vemos como ele se aplica aí. Porém, o que podemos fazer desde já é dar um panorama; indicar as principais razões pelas quais ele deve ser aceito, desde o início do estudo, a título de presunção provisória e sob reserva de verificações necessárias; e, por fim, revelar ao mesmo tempo toda a sua extensão e os seus limites – este será o tema da nossa primeira aula.

I

É necessário chamar imediatamente a atenção de vocês para este axioma fundamental, que em geral é ignorado. Até alguns anos atrás – e mesmo assim as exceções podem ser contadas nos dedos[7] –, os pedagogos modernos eram unânimes em ver a educação como uma coisa eminentemente individual e, logo, a Pedagogia como um corolário imediato e direto somente da Psicologia. Tanto para Kant quanto para Mill e tanto para Herbart quanto para Spencer, o objetivo da educação seria antes de tudo realizar em cada indivíduo os atributos constitutivos da espécie humana em geral, elevando-os, porém, ao seu mais alto grau de perfeição. Supunha-se como uma verdade evidente que

---

7. A ideia já havia sido formulada por Lange em uma aula de abertura publicada em *Monatshefte der Comeniusgesellschaft* (t. III, p. 107). Ela foi retomada por Lorenz von Stein em *Verwaltungslehre* (t. V). A esta mesma corrente pertencem WILLMANN, Otto. *Didaktik als Bildungslehre* – Nach ihren Beziehungen zur Sozialforschung und zur Geschichte der Bildung. 2 vol. Leipzig: Gr bner, 1882-1889. • NATORP, Paul. *Sozialpädagogik* – Theorie der Willenserziehung auf der Grundlage der Gemeinschaft. 3. ed. Stuttgart: Frommann, 1909 [1. ed., 1899]. • BERGEMANN, Paul. *Soziale Paedagogik* – auf erfahrungswissenschaftlicher Grundlage und mit Hilfe der induktiven Methode als universalistische oder Kultur-P dagogik. Gera: T. Hofmann, 1900. Vamos mencionar também VINCENT, George Edgard. *The social mind and education*. Nova York: Macmillan, 1897. • ELSLANDER, Jean-François. *L'éducation au point de vue sociologique*. Bruxelles: J. Lebègue, 1899.

havia uma única educação que, excluindo qualquer outra, convinha indistintamente a todos os homens, fossem quais fossem as condições históricas e sociais em meio às quais eles viviam: é este ideal abstrato e único que os teóricos da educação se propunham determinar. Admitia-se que havia *uma* natureza humana, cujas formas e propriedades eram determináveis uma vez por todas, e o problema pedagógico consistia em buscar saber de que maneira a ação educadora deveria se exercer na natureza humana assim definida. Sem dúvida, ninguém nunca pensou que o homem fosse imediatamente, assim que entrasse na vida, tudo o que ele pode e deve ser. É bastante óbvio que o ser humano só se constitui de modo progressivo, ao longo de um lento processo que começa no nascimento e só termina na maturidade. Porém, imaginava-se que este processo não fazia mais do que atualizar virtualidades, revelar energias latentes que existiam, já pré-formadas, no organismo físico e mental da criança. Portanto, o educador não teria nada de essencial a acrescentar à obra da natureza, não criando nada novo. O seu papel se limitaria a impedir que estas virtualidades existentes se atrofiassem por causa da inatividade ou se desviassem de sua direção normal ou ainda se desenvolvessem com demasiada lentidão. Assim, as condições de tempo e lugar e o estado em que se encontra o meio social perdem toda a utilidade para a Pedagogia. Já que o homem carrega dentro de si todos os germes do seu desenvolvimento, é ele, e somente ele, que é preciso observar quando se quer determinar em que sentido e de que maneira este desenvolvimento deve ser orientado. O importante é saber quais são as faculdades inatas e a natureza das mesmas. Ora, a ciência cujo objetivo é descrever e explicar o homem individual é a Psicologia. Portanto, ela deve bastar para todas as necessidades do pedagogo.

Infelizmente, esta concepção da educação está em contradição formal com tudo o que a história nos ensina: de fato, não existe nenhum povo em que ela tenha sido colocada em prática. Em primeiro lugar, não há uma educação universalmente válida para o gênero humano inteiro – em todas as sociedades, por assim dizer, sistemas pedagógicos diferentes coexistem e funcionam em paralelo. Tal sociedade é formada por castas? A educação variará de uma casta para a outra – a dos aristocratas não era igual à dos plebeus, a dos brâmanes não era igual à dos sudras. Da mesma forma, na Idade Média, que desproporção entre a cultura recebida pelos jovens pajens, instruídos em todas as artes da cavalaria, e a dos camponeses livres, que iam aprender na escola de sua paróquia alguns escassos elementos de cômputo, canto e gramática! Ainda hoje, não vemos a educação variar com as classes sociais ou mesmo com os *habitats*? A da cidade não é igual à do campo, a do burguês não é igual à do operário. Dirão por aí que esta organização não é moralmente justificável e pode ser considerada como um anacronismo destinado a desaparecer? A tese é fácil de defender. É óbvio que a educação dos nossos filhos não deveria depender do acaso que os faz nascer aqui ou lá, de tais pais em vez de outros. Porém, mesmo que a consciência moral de nosso tempo tivesse sido satisfeita neste ponto, nem por isso a educação seria mais uniforme. Mesmo que a carreira de cada criança não fosse, em grande parte, predeterminada por uma cega hereditariedade, a diversidade moral das profissões não deixaria de exigir uma grande diversidade pedagógica. De fato, cada profissão constitui um meio *sui generis* que demanda aptidões e conhecimentos específicos, um meio no qual predominam certas ideias, usos e maneiras de ver as coisas; e, já que a criança deve estar preparada com vistas à função que será levada a cumprir, a educação, a partir de determinada idade, não pode mais continuar a mesma para todos os sujeitos aos quais ela se aplicar. É por isto que, em todos os países civilizados, ela tende cada vez mais a se diversificar e se especializar, e esta especialização, a se tornar cada vez mais precoce. A heterogeneidade produzida assim não repousa sobre inegável injustiça, como a que observamos agora há pouco; mas ela não é menor. Para encontrar uma educação absolutamente homogênea e igualitária, é preciso voltar no tempo até as sociedades pré-históricas, no seio das quais não existia nenhuma diferenciação; e ainda assim estes tipos de sociedades representam apenas um momento lógico na história da humanidade.

Ora, é óbvio que estas educações específicas não são nem um pouco organizadas com fins individuais. Sem dúvida, às vezes acontece de elas provocarem nos indivíduos o desenvolvimento de aptidões singulares que já se encontravam imanentes e só estavam esperando para entrarem em ação; neste sentido, pode-se dizer que elas os ajudavam a realizarem a natureza deles. Porém, sabemos o quanto estas vocações estreitamente definidas são excepcionais. De modo mais geral, o nosso temperamento intelectual ou moral não nos predestina a uma função bem determinada. O homem médio é eminentemente plástico, podendo ser utilizado da mesma forma em empregos bastante variados. Portanto, se ele se especializa, e se o faz de tal modo em vez de outro, não é por razões interiores e nem pelas necessidades da natureza. É a sociedade que, para se manter, exige que o trabalho se divida entre os seus membros e de tal maneira em vez de outra. É por isto que ela prepara com as suas próprias mãos, através da educação, os trabalhadores especializados dos quais precisa. Portanto, foi para e por ela que a educação se diversificou assim.

E tem mais. Longe de nos aproximar necessariamente da perfeição humana, esta cultura específica engendra uma decadência parcial – e isto acontece embora ela se encontre em harmonia com as predisposições naturais do indivíduo. Isto porque não podemos desenvolver com a intensidade necessária as faculdades privilegiadas pela nossa função sem deixar as outras se entorpecerem com a inatividade e sem abdicar, por conseguinte, de toda uma parte da nossa natureza. Por exemplo, enquanto indivíduo, o homem não é menos feito para agir do que para pensar. Aliás, tendo em vista que ele é antes de tudo um ser vivo e que a vida é ação, as faculdades ativas talvez lhe sejam mais essenciais do que as outras. E, no entanto, a partir do momento em que a vida intelectual das sociedades atinge um certo grau de desenvolvimento, há e deve necessariamente haver homens que se dediquem a ela de modo exclusivo, ou seja, que não façam outra coisa senão pensar. Ora, o pensamento só pode se desenvolver desligando-se do movimento, recolhendo-se em si mesmo, desviando o sujeito da ação. Assim, formam-se aquelas naturezas incompletas em que todas as energias da atividade se convertem, por assim dizer, em reflexão, naturezas que, por mais mutiladas que estejam em certos aspectos, constituem, entretanto, os agentes indispensáveis do progresso científico. A análise abstrata da constituição humana jamais teria permitido prever que o homem fosse capaz de alterar assim o que é considerado a sua essência e nem que fosse necessária uma educação que preparasse estas úteis alterações.

Contudo, seja qual for a importância destas educações específicas, elas não são a educação toda. Pode-se até dizer que elas não são autossuficientes; em todos os lugares em que se pode observá-las, elas só divergem umas das outras a partir de certo ponto aquém do qual elas se confundem. Todas elas repousam sobre uma base comum. Não há nenhum povo em que não exista certo número de ideias, sentimentos e práticas que a educação deve inculcar em todas as crianças sem distinção, seja qual for a categoria social à qual elas pertencem. É inclusive esta educação comum que é considerada em geral como a verdadeira educação. Somente ela parece plenamente merecer ser designada desta forma. A ela é concedida uma espécie de predominância com relação às outras. Portanto, é sobretudo esta educação que é importante investigar para saber, como se supõe, se ela está contida por inteiro na noção de homem e pode ser deduzida da mesma.

Para dizer a verdade, a questão nem se coloca a respeito de tudo o que envolve os sistemas de educação que a história nos apresenta. Eles estão tão obviamente ligados a sistemas sociais determinados que acabam sendo inseparáveis deles. Embora houvesse em Roma uma educação comum a todos os romanos, apesar das diferenças que separavam a aristocracia da plebe, esta educação se caracterizava por ser essencialmente romana. Ela refletia toda a organização da pólis ao mesmo tempo em que era a sua base. O mesmo vale para todas as sociedades históricas. Cada tipo de povo possui uma educação que lhe é própria e que pode defini-lo ao mesmo título que a sua organização moral, política e religiosa. Trata-se de um dos elementos da sua fisionomia. Esta é a razão pela qual a educação variou de forma tão prodigiosa de acordo com as épocas e países; pela qual, aqui na França, ela faz o indivíduo entregar a sua personalidade completamente nas mãos do Estado, ao passo que em outros lugares ela forma, ao contrário, seres autônomos e donos de sua própria conduta; e pela qual ela era ascética na Idade Média, liberal no

Renascimento, literária no século XVII e científica hoje em dia. Isto não significa que, por causa de aberrações, os homens se tenham enganado a respeito de sua natureza humana e de suas necessidades, mas sim que estas necessidades variaram, e variaram porque as condições sociais das quais elas dependem não permaneceram inalteradas.

Porém, por uma contradição inconsciente, recusamos com relação ao presente, e mais ainda com relação ao futuro, aquilo que admitimos facilmente com relação ao passado. Todo o mundo reconhece sem discutir que, em Roma e na Grécia, o único objetivo da educação era formar gregos e romanos e que, por conseguinte, a educação estava associada a todo um conjunto de instituições políticas, morais, econômicas e religiosas. No entanto, imaginamos alegremente que a nossa educação moderna foge à lei comum e que, atualmente, ela depende cada vez menos das contingências sociais, pois tende a se libertar totalmente delas no futuro. Não repetimos sem parar que queremos transformar os nossos filhos em homens antes mesmo de transformá-los em cidadãos? E não parece que a nossa qualidade humana seja naturalmente imune às influências coletivas já que, pela lógica, é anterior às mesmas?

E, todavia, não seria uma espécie de milagre se a natureza da educação tivesse mudado tão completamente depois de ter tido todas as características de uma instituição social durante séculos e em todas as sociedades conhecidas? Tal transformação parece ainda mais surpreendente se levarmos em consideração que o momento em que ela teria acontecido é justamente aquele em que a educação começou a se tornar um verdadeiro serviço público: desde o final do século passado, ela tende, não somente na França, mas em toda a Europa, a ficar cada vez mais diretamente sob o controle e a direção do Estado. Sem dúvida, os objetivos que ela busca se afastam cada vez mais das condições locais ou étnicas que antigamente os singularizavam, tornando-se mais gerais e abstratos. Mas eles não deixam de ser essencialmente coletivos. De fato, não é a coletividade que os impõe? Não é ela que nos ordena a desenvolver nos nossos filhos antes de tudo as qualidades que eles compartilham com todos os homens? E tem mais: ela não somente exerce sobre nós uma pressão moral, através da opinião, para que entendamos assim os nossos deveres de educadores, como também valoriza tanto a educação que, como eu acabei de dizer, ela própria se encarrega da tarefa. É fácil adivinhar que, se ela preza a educação a este ponto, é porque ela vê as vantagens que a mesma pode lhe oferecer. E, de fato, somente uma cultura amplamente humana pode dar às sociedades modernas os cidadãos dos quais elas precisam. Isto porque cada um dos grandes povos europeus cobre um imenso *habitat* e engloba as raças mais diversas. Além disso, o trabalho é extremamente dividido – os indivíduos que o compõem são tão diferentes uns dos outros que não há mais quase nada em comum entre eles, salvo a sua qualidade humana em geral. Portanto, eles só podem manter a homogeneidade indispensável a qualquer *consenso* social se forem tão semelhantes quanto possível no único aspecto em que todos se parecem, ou seja, enquanto todos forem seres humanos. Em outras palavras, em sociedades tão diferenciadas, o único tipo coletivo que pode haver é o tipo genérico de homem. Se ele perdesse um pouco da sua generalidade ou deixasse o antigo particularismo reaparecer, os grandes Estados europeus se dividiriam em uma pluralidade de pequenos grupos fragmentários e se decomporiam. Logo, o nosso ideal pedagógico reflete a nossa estrutura social, assim como o dos gregos e romanos só pode ser compreendido a partir da organização das pólis. Se a nossa educação moderna não é mais estreitamente nacional, é em função da maneira como as nações modernas se constituíram.

E isto não é tudo: a sociedade não somente eleva o tipo humano à dignidade de modelo para o educador reproduzir, como também o constrói, e o constrói de acordo com as suas necessidades. É um equívoco pensar que ele já esteja dado por inteiro na constituição natural do homem, que basta uma observação metódica desta última para descobri-lo, sem se abster, no entanto, de embelezá-lo mentalmente em seguida, imaginando o mais alto grau de desenvolvimento daquilo que ainda se encontra em estado rudimentar. O homem que a educação deve realizar em nós não é o homem tal como a natureza criou, mas sim tal como a sociedade quer que ele seja; e ela quer que ele seja da forma exigida pela sua economia interior. A prova disto é a maneira como a concepção do homem variou conforme as sociedades. Assim como nós, os homens da Antiguidade também acreditavam estarem formando os seus filhos para serem homens. Se eles se recusavam a considerar um estrangeiro como seu semelhante, é justamente porque na opinião deles somente a educação da pólis era capaz de formar seres verdadeira e propriamente humanos. Só que eles concebiam a humanidade da maneira deles, que não é a mesma que a nossa. Toda mudança um pouco importante na organização de uma sociedade provoca uma mudança de igual importância na ideia que o homem nutre a respeito de si mesmo. Se o trabalho social se dividir ainda mais sob a pressão da crescente concorrência e a especialização de cada trabalhador for ao mesmo tempo mais intensa e precoce, o conjunto de coisas que a educação comum engloba deverá necessariamente se reduzir e, por conseguinte, as características do tipo humano diminuirão. Antigamente, a cultura literária era considerada como um elemento essencial de toda cultura humana. Hoje, está chegando a época em que ela talvez não passe de uma especialidade. Da mesma forma, entre as nossas faculdades existe uma hierarquia comprovada – atribuímos uma espécie de superioridade a algumas delas, as quais devemos, por isto mesmo, desenvolver mais do que as outras. Porém, isto não significa que esta dignidade seja intrínseca às mesmas, ou seja, que a própria natureza lhes tenha designado, para a eternidade, esta eminente posição, mas sim que elas têm mais valor para a sociedade. Logo, como a escala destes valores muda necessariamente com as sociedades, esta hierarquia nunca permanece a mesma em dois momentos diferentes da história. Ontem, era a coragem que ocupava o primeiro plano, com todas as faculdades exigidas pela virtude militar. Hoje, é o pensamento e a reflexão. Amanhã, talvez seja o refinamento e a sensibilidade com relação às coisas artísticas. Assim, tanto no presente quanto no passado, o nosso ideal pedagógico é, nos mínimos detalhes, fruto da sociedade. É ela que traça o retrato do homem que devemos ser, retrato no qual se refletem todas as particularidades da sua organização.

II

Em suma, o indivíduo e os seus interesses não são o único ou principal objetivo da educação, a qual é antes de tudo o meio pelo qual a sociedade renova eternamente as condições da sua própria existência. A sociedade só pode viver se existir uma homogeneidade suficiente entre os seus membros. A educação perpetua e reforça esta homogeneidade ao fixar de antemão na alma da criança as semelhanças essenciais que a vida coletiva supõe. Porém, ao mesmo tempo, qualquer cooperação seria impossível sem uma certa diversidade. A educação garante a continuidade desta necessária diversidade diversificando-se e especializando-se a si mesma. Portanto, ela consiste, em um ou outro destes aspectos, em uma socialização metódica das novas gerações. Em cada um de nós, pode-se dizer, existem dois seres que, embora se mostrem inseparáveis – a não ser por abstração –, não deixam de ser distintos. Um é composto de todos os estados mentais que dizem respeito apenas a nós mesmos e aos acontecimentos da nossa vida pessoal: é o que se poderia chamar de ser individual. O outro é um sistema de ideias, sentimentos e hábitos que exprimem em nós não a nossa personalidade, mas sim o grupo ou os grupos diferentes dos quais fazemos parte, tais como as crenças religiosas, as crenças e práticas morais, as tradições nacionais ou profissionais e as opiniões coletivas de todo tipo. Este conjunto forma o ser social. Constituir este ser em cada um de nós é o objetivo da educação.

Aliás, é aí que se manifesta melhor a importância do seu papel e a fecundidade da sua ação. De fato, este ser social não somente não se encontra já pronto na constituição primitiva do homem como também não resulta de um desenvolvimento espontâneo. Espontaneamente, o homem não tinha tendência a se submeter a uma autoridade política, respeitar uma disciplina moral, dedicar-se e sacrificar-se. A nossa natureza congênita não apresentava nada que nos predispusesse necessariamente a nos tornarmos servidores de divindades, emblemas simbólicos da sociedade, a lhes prestarmos culto ou a nos privarmos para honrá-las. Foi a própria sociedade que, à medida que ia se formando e se consolidando, tirou do seu seio estas grandes forças morais diante das quais o homem sentiu a sua inferioridade. Ora, com exceção de tendências vagas e incertas que podem ser atribuídas à hereditariedade, ao entrar na vida, a criança traz apenas a sua natureza de indivíduo. Portanto, a cada nova geração, a sociedade se encontra em presença de uma tábula quase rasa sobre a qual ela deve construir novamente. É preciso que, pelos meios mais rápidos, ela substitua o ser egoísta e associal que acaba de nascer por um outro capaz de levar uma vida moral e social. Esta é a obra da educação, cuja grandeza podemos reconhecer. Ela não se limita a reforçar as tendências naturalmente marcantes do organismo individual, ou seja, desenvolver potencialidades ocultas que só estão esperando para serem reveladas. Ela cria um novo ser no homem, e este homem é feito de tudo o que há de melhor em nós e de tudo o que dá valor e dignidade à vida. Esta virtude criadora é, aliás, um privilégio específico da educação humana. A que os animais recebem é completamente diferente, se é que podemos chamar de educação o treinamento progressivo ao qual eles são submetidos por seus pais. Este treinamento bem pode acelerar o desenvolvimento de certos instintos que estão latentes no animal, mas não o inicia a uma nova vida. Ele facilita o movimento das funções naturais, mas não cria nada. Instruído pela mãe, o filhote saberá voar ou fazer o ninho de forma mais rápida, mas não aprenderá quase nada a não ser através de sua experiência individual. É que os animais ou vivem fora de todo estado social ou formam sociedades bastante simples, que funcionam a partir de mecanismos instintivos que cada indivíduo carrega consigo perfeitamente constituídos desde o nascimento. Portanto, a educação não pode acrescentar nada de essencial à natureza, visto que esta última é inteiramente suficiente, tanto para a vida do grupo quanto para a do indivíduo. No homem, ao contrário, as aptidões de todo tipo que a vida social supõe são complexas demais para poderem, de certo modo, encarnar-se nos tecidos e materializar-se sob a forma de predisposições orgânicas. Por conseguinte, elas não podem ser transmitidas de uma geração para a outra através da hereditariedade. É a educação que garante a transmissão.

Este aspecto marcante da educação humana e o fato de o homem tê-lo sentido bem cedo podem ser comprovados através de uma cerimônia realizada em muitas sociedades: a iniciação. Ela ocorre quando a educação termina – em geral, ela até fecha o último período em que os anciãos estão concluindo a instrução dos rapazes, revelando-lhes as crenças mais fundamentais e os ritos mais sagrados da tribo. Depois que ela acaba, o sujeito que a tiver recebido passa a ocupar um lugar na sociedade. Ele se destaca do grupo das mulheres, no meio das quais viveu durante toda a sua infância, e se junta ao dos guerreiros, dentro do qual tem a partir de então uma posição bem definida. Ao mesmo tempo, ele toma consciência do seu sexo, cujos direitos e deveres passa a ter, já que se tornou um homem e um cidadão. Ora, uma crença universalmente difundida em todos estes povos é que este sujeito, pelo próprio fato de ter sido iniciado, torna-se um homem inteiramente novo: ele muda de personalidade e até de nome, o qual não é então considerado como um simples signo verbal, mas sim como um elemento essencial da sua pessoa. A iniciação é vista como um segundo nascimento. A mente primitiva simboliza esta transformação imaginando que um princípio espiritual, uma espécie de alma nova, encarnou-se no indivíduo. Porém, se eliminarmos as formas míticas que envolvem esta crença, não veremos, sob o símbolo desta ideia e de forma obscura, que a educação cria um ser novo no homem? Trata-se do ser social.

No entanto, pode-se objetar, se de fato é possível conceber que as qualidades propriamente morais só podem ser suscitadas em nós por uma ação vinda do exterior, uma vez que elas impõem privações ao indivíduo e reprimem os seus movimentos naturais, não haveria outras qualidades que todo homem tem interesse em adquirir e busca espontaneamente? Pensemos, por exemplo, nas diversas qualidades da inteligência que lhe permitem adaptar melhor a sua conduta à natureza das coisas. Pensemos também nas qualidades físicas e em tudo o que contribui para o vigor e a saúde do organismo. Com relação a estas últimas, pelo menos, parece que a educação, ao desenvolvê-las, não faça mais do que tomar a dianteira do próprio desenvolvimento natural, alçando o indivíduo a um estado de perfeição relativa à qual ele tende por si mesmo, embora possa alcançá-lo de forma mais rápida com a ajuda da sociedade.

Porém, apesar das aparências, o que mostra bem que, tanto aqui como alhures, a educação satisfaz acima de tudo necessidades externas, ou seja, sociais, é que existem sociedades em que estas qualidades não foram absolutamente cultivadas e que, em todo caso, foram compreendidas de modo muito diferente, dependendo das sociedades. Nem todos os povos reconheceram as vantagens de uma sólida cultura intelectual. A ciência e o espírito crítico, os quais valorizamos tanto atualmente, durante muito tempo foram vistos com desconfiança. Não conhecemos uma grande doutrina segundo a qual são bem-aventurados os pobres de espírito? Não se deve pensar que esta indiferença com relação ao saber tenha sido artificialmente imposta aos homens contra a natureza deles. Eles não tinham por si mesmos nenhum desejo de ciência, simplesmente porque as sociedades das quais eles faziam parte não sentiam a menor necessidade.

Para poder viver, eles precisavam antes de tudo de tradições fortes e respeitadas. Ora, a tradição não desperta o pensamento e a reflexão, mas tende, ao contrário, a excluí-los. O mesmo vale para as qualidades físicas. Se o estado do meio social inclinar a consciência pública para o ascetismo, a educação física será automaticamente rejeitada para o segundo plano. É um pouco o que acontecia nas escolas da Idade Média. Da mesma forma, dependendo das linhas de opinião, esta mesma educação será entendida nos mais diferentes sentidos. Em Esparta, ela tinha como objetivo sobretudo endurecer os membros contra o cansaço; em Atenas, ela era um meio de modelar belos corpos para serem admirados; na época da cavalaria, esperava-se que ela formasse guerreiros ágeis e flexíveis; hoje em dia, ela só visa à higiene e se preocupa sobretudo em conter os perigosos efeitos de uma cultura intelectual demasiado intensa. Assim, o indivíduo só busca as qualidades que à primeira vista parecem tão espontaneamente desejáveis quando a sociedade o incita nesta direção. E ele as busca da maneira que ela lhe prescreve.

Vocês estão vendo a que ponto a Psicologia pura e simples é insuficiente para o pedagogo. Como eu mostrei agora há pouco, não somente é a sociedade que traça o ideal que o indivíduo deve realizar através da educação, como também não há tendências determinadas na natureza individual, ou seja, não existem estados definidos que sejam como uma primeira aspiração a este ideal e que possam ser vistos como a forma interior e antecipada do mesmo. Sem dúvida, isto não significa que não existam em nós aptidões bastante gerais, sem as quais este ideal seria obviamente irrealizável. Se o homem pode aprender a se sacrificar, é porque ele é capaz de sacrifício; se ele pôde se submeter à disciplina da ciência, é porque ele sabe se adaptar à mesma. Só pelo fato de sermos parte integrante do universo, somos capazes de preocuparmo-nos com outras coisas além de nós mesmos; assim, existe em nós uma primeira impessoalidade que prepara ao desprendimento. Da mesma forma, só pelo fato de sermos seres pensantes, temos certa tendência ao conhecimento. Porém, um abismo separa estas predisposições vagas e confusas, misturadas aliás a todo tipo de predisposições contrárias, e a forma tão bem definida e singular que elas adotam sob a ação da sociedade. Mesmo com a análise mais perspicaz, é impossível prever o que estes germes indistintos se tornarão, uma vez que a coletividade os tiver fecundado, pois esta última não se contenta em intensificá-los, mas acrescenta-lhes mais alguma coisa. Ela lhes fornece a sua própria energia e, por isto mesmo, transforma-os, produzindo efeitos que não estavam primitivamente contidos neles. Logo, mesmo que a consciência individual não fosse mais um mistério para nós e a Psicologia, uma ciência completa, ela não poderia dizer ao professor o objetivo que ele deve buscar. Só a Sociologia pode ou nos ajudar a compreendê-lo, ligando-o aos estados sociais dos quais ele depende e os quais ele expressa, ou a descobri-lo, quando a consciência pública, perturbada e incerta, não sabe mais o que ele deve ser.

III

Contudo, se o papel da Sociologia é preponderante para a determinação dos fins que a educação deve buscar, será que ela tem a mesma importância no que diz respeito à escolha dos meios?

Aí, a Psicologia volta em cena. Embora o ideal pedagógico expresse necessidades sociais antes de tudo, ele só pode se realizar nos e pelos indivíduos. Para que ele seja algo mais do que uma simples concepção mental e uma vã injunção da sociedade aos seus membros, é preciso descobrir o meio de fazer com que a consciência da criança se conforme a ele. Ora, a consciência tem as suas próprias leis, as quais é preciso conhecer antes de modificar, se quisermos evitar as tentativas empíricas que a Pedagogia busca justamente reduzir ao mínimo. Para poder estimular o desenvolvimento da atividade em uma certa direção é preciso saber quais são os mecanismos que a movem e a natureza deles. Só assim será possível aplicar aí, com conhecimento de causa, a ação adequada. Será que se trata, por exemplo, de despertar o amor da pátria ou o sentimento de humanidade? Saberemos orientar melhor a sensibilidade moral dos alunos neste ou naquele sentido quando tivermos noções mais completas e precisas sobre o conjunto dos fenômenos que chamamos de tendências, hábitos, desejos, emoções, etc., sobre as diversas condições que os regem e sobre a forma sob a qual eles se manifestam na criança. Conforme virmos as tendências como produtos das experiências agradáveis ou não que a espécie viveu ou, ao contrário, como um fato primitivo anterior aos estados afetivos que acompanham o seu funcionamento, deveremos agir de modos bastante diferentes para regular o seu desenvolvimento. Ora, é à Psicologia e, em especial, à Psicologia Infantil que cabe resolver estas questões. Portanto, embora ela seja incompetente para fixar o objetivo, ou melhor, os objetivos da educação, ela certamente tem um papel útil a desempenhar na constituição dos métodos. E mais: como nenhum método pode ser aplicado da mesma maneira nas diferentes crianças, é mais uma vez a Psicologia que deve nos ajudar a nos situar em meio à diversidade das inteligências e carateres. Infelizmente, sabemos que ainda estamos longe do momento em que ela realmente estará apta a satisfazer este *desideratum*.

Portanto, não se deve ignorar as vantagens que a ciência do indivíduo pode oferecer à Pedagogia, cujo valor nós vamos reconhecer aqui. No entanto, mesmo nos âmbitos em que ela é útil para o pedagogo esclarecer certos problemas, ela está longe de poder dispensar a Sociologia.

Primeiro, já que os fins da educação são sociais, os meios pelos quais estes fins podem ser alcançados devem necessariamente ter o mesmo caráter. E, de fato, dentre todas as instituições pedagógicas, talvez não haja nenhuma que não seja análoga a uma instituição social, cujos aspectos principais ela reproduz de forma reduzida e como que abreviada. Tanto na escola quanto na cidade, impõe-se uma disciplina. As regras que fixam os deveres dos alunos são comparáveis às que prescrevem a conduta dos homens feitos. As punições e recompensas associadas às primeiras se parecem com as que as segundas sancionam. Ensinamos às crianças a ciência já feita, mas a ciência que está sendo feita também se ensina. Ela não fica fechada no cérebro daqueles que a concebem, só se tornando realmente ativa se for compartilhada com os outros homens. Ora, a natureza desta comunicação, que coloca em prática toda uma rede de mecanismos sociais, constitui um ensino que, embora se dirija a adultos, não se diferencia daquele que o aluno recebe do seu mestre. Não se diz, aliás, que os sábios são os mestres dos seus contemporâneos? Não se chama de escolas os grupos que se formam em torno deles?[8] Poderíamos dar vários exemplos. É que, de fato, como a vida escolar não passa do germe da vida so-

---

8. Cf. WILLMANN, Otto. *Didaktik als Bildungslehre* – Nach ihren Beziehungen zur Sozialforschung und zur Geschichte der Bildung. Vol. 1. Leipzig: Gr bner, 1882, p. 40.

cial, assim como esta última não passa da continuação e maturidade daquela, os principais processos pelos quais uma funciona se encontram obviamente na outra. Portanto, pode-se esperar que a Sociologia, ciência das instituições sociais, ajude-nos a compreender o que são (ou a conjeturar o que devem ser) as instituições pedagógicas. Quanto melhor conhecermos a sociedade, melhor perceberemos tudo o que se passa no microcosmo social que a escola é. Vocês estão vendo como, ao contrário, convém utilizar com prudência e moderação os dados da Psicologia, mesmo quando se trata de determinar os métodos. Por si só, ela não poderia nos fornecer os elementos necessários para construir uma técnica que, por definição, tira o seu protótipo não do indivíduo, mas sim da coletividade.

Aliás, os estados sociais dos quais os fins pedagógicos dependem não limitam a sua ação aí. Eles também afetam a concepção dos métodos: a natureza do objetivo implica em parte a dos meios. Se a sociedade se orientar, por exemplo, em um sentido individualista, todos os processos educacionais que possam reprimir o indivíduo e ignorar a sua espontaneidade interna serão considerados como intoleráveis e reprovados. Se, ao contrário, sob a pressão de circunstâncias duráveis ou passageiras, ela sentir novamente necessidade de impor um conformismo mais rigoroso a todos, será proibido tudo o que possa provocar além da conta a iniciativa da inteligência. Na realidade, todas as vezes em que o sistema de métodos educativos foi profundamente transformado, foi sob a influência de uma daquelas grandes correntes sociais cuja ação se repercutiu em todas as áreas da vida coletiva. Não foi em função de descobertas psicológicas que o Renascimento opôs todo um conjunto de novos métodos aos que a Idade Média utilizava. O que aconteceu foi que, como consequência de mudanças ocorridas na estrutura das sociedades europeias, uma nova concepção do homem e do seu lugar no mundo acabou surgindo. Da mesma forma, os pedagogos que, no final do século XVIII ou no começo do XIX, começaram a substituir o método abstrato pelo intuitivo, estavam antes de tudo refletindo aspirações vigentes naquela época. Nem Basedow, nem Pestalozzi e nem Froebel eram grandes psicólogos. O que a doutrina deles exprime é, sobretudo, respeito pela liberdade interior, horror diante de qualquer repressão e amor pelo homem e, logo, pela criança – noções que se encontram na base do nosso individualismo moderno.

Assim, seja qual for o aspecto pelo qual abordemos a educação, ela sempre se apresenta com o mesmo caráter. Sejam os fins que ela busca ou os meios que ela emprega, são sempre necessidades sociais que ela satisfaz e ideias e sentimentos coletivos que ela expressa. Sem dúvida, o próprio indivíduo sai ganhando com este mecanismo. Nós já não admitimos claramente que aquilo que temos de melhor é devido à educação? E aquilo que temos de melhor é de origem social. Portanto, devemos sempre nos concentrar no estudo da sociedade; é somente nele que o pedagogo vai encontrar os princípios da sua investigação. A Psicologia bem pode lhe apontar qual é a melhor maneira de agir para aplicar na criança estes princípios, uma vez que os mesmos estiverem consolidados. Porém, ela não pode ajudá-lo a descobri-los.

Para concluir, eu gostaria de acrescentar que, se já existiu uma época e um país em que o ponto de vista sociológico se impôs de modo particularmente urgente aos pedagogos, esta época e este país é o início do século XX e a França. Quando uma sociedade se encontra em um estado de relativa estabilidade e equilíbrio temporário, como, por exemplo, a sociedade francesa do século XVII; quando, por conseguinte, estabelece-se um sistema de educação que, igualmente durante certo tempo, não é contestado por ninguém, as únicas questões urgentes que se colocam são questões de aplicação prática. Não emerge nenhuma dúvida séria sobre o objetivo a alcançar e nem sobre a orientação geral dos métodos. Portanto, só pode haver controvérsia com relação à melhor maneira de colocá-los em prática – e estas dificuldades podem ser resolvidas pela Psicologia. Eu não preciso ensinar a vocês que a firmeza intelectual e moral não predomina mais no nosso século, o que, ao mesmo tempo, é a sua miséria e a sua grandeza. As profundas transformações que as sociedades contemporâneas sofreram ou estão sofrendo demandam transformações correspondentes na Educação nacional. Porém, embora realmente sintamos que mudanças são necessárias, não sabemos muito bem como elas devem ser. Sejam quais forem as convicções pessoais dos indivíduos ou partidos, a opinião pública permanece indecisa e apreensiva. Portanto, nós não abordamos o problema pedagógico com a mesma serenidade que os homens do século XVII. Não se trata mais de colocar ideias prontas em prática, mas sim de descobrir ideias que nos guiem. Como poderíamos fazê-lo se não observássemos a própria origem da vida educativa, ou seja, a sociedade? Logo, é a sociedade que é preciso estudar e são as suas necessidades que é preciso conhecer, já que são estas últimas que é preciso satisfazer. Ficar olhando somente para o próprio umbigo significa desviar os nossos olhares da própria realidade que devemos acessar e nos impedir de compreender o movimento que leva o mundo ao nosso redor, bem como nós mesmos junto com ele. Portanto, ao dizer que uma cultura sociológica nunca foi mais necessária ao educador, não acho que estou deixando-me guiar por um simples preconceito ou sucumbindo a um amor exagerado por uma ciência que cultivei durante a minha vida inteira. Não é que a Sociologia possa nos dar de mão beijada processos já prontos, os quais basta utilizar. Aliás, será que poderia ser assim? Porém, ela pode, mais e melhor, fornecer-nos aquilo de que temos mais urgentemente necessidade, quero dizer um corpo de ideias diretivas que sejam a alma da nossa prática, sustentando-a, dando um sentido à nossa ação e nos ligando intimamente à mesma, o que é uma condição obrigatória para que esta ação seja fecunda.